THEA SOMMERS
KLEINE
KÜCHEN-BIBLIOTHEK

Salate

Die besten Rezepte und Dressings

Sonderausgabe

Trautwein Ratgeber Edition

Alle Rezepte wurden sorgfältig geprüft.
Redaktion: Anja Borck, Manfred Meding,
Emanuela Dabbeni, Renate Bärbel Schmid
Umschlaggestaltung: Inga Koch
Herstellung: Uwe Eckard
ISBN 3-8174-5170-9
5351702

INHALT

Herrliche Salate fürs ganze Jahr ...

... pikant und erfrischend,
vitaminreich und bekömmlich!

Viele köstliche Rezepte für Salate mit Gemüse, Fleisch, Geflügel, Schinken, Wurst, Fisch, Eiern, Käse, Nudeln, Pilzen und Früchten – dazu raffinierte Dressings – sind in diesem Buch zusammengestellt.

Salate sollten nicht nur Beigaben zu unseren Mahlzeiten sein, sie versorgen uns täglich mit lebenswichtigen Vitaminen, Spurenelementen, Mineralstoffen und Ballaststoffen.

Vorab ein paar erprobte Tips zum guten Gelingen.

Blattsalate und rohe Gemüsesalate müssen gründlich aber kurz – damit die wasserlöslichen Vitamine B und C sowie die Mineralsalze nicht verloren gehen – gewaschen werden. Anschließend sollen sie auf einem Sieb oder Tuch gut abtropfen. Auch eine Salatschleuder tut gute Dienste. Je trockener der Salat, um so knackiger!

Rohe Blatt- und Gemüsesalate erst kurz vor dem Anrichten mit Marinade mischen. Wurzelgemüse und Obst für rohe Salate ebenfalls kurz waschen und nach dem Zerkleinern sofort weiter verarbeiten.

Alle übrigen Salat müssen einige Zeit gut durchziehen, um ihr Aroma voll entfalten zu können. Die Salate bitte nicht zu kalt servieren, das schmälert ihren Geschmack!

Doch die Krönung eines guten Salates kann das Dressing, die Mayonnaise oder die Marinade sein. Deshalb sollten dafür nur die besten Zutaten und ganz frische Gewürze verwendet werden. Zur Grundausstattung der perfekten Salatküche gehören als wichtigste Zutaten kaltgeschlagene Oliven- oder Sonnenblumenöle, Wein-, Kräuter-, Zitronen-, Knoblauch-, Estragonessige, Qualitäts-Mayonnaisen, Joghurt, Quark, süße und saure Sahne, Kondensmilch, Knoblauch, Zwiebeln, milde Gewürzgurken und Kapern.

Ebenso sollten wir auch immer zur Hand haben: Salz, schwarzen und weißen Pfeffer, Cayennepfeffer, Zitronenpfeffer, Sellerie- und Knoblauchsalz, Currypulver, Kümmel, Majoran, Thymian, süßen und scharfen Senf und Tomatenketchup.

Salate werden hübsch garniert in Schüsseln aus Glas, Porzellan, Steingut oder Holz angerichtet. Bei Porzellan und Steingut ist auf bleifreie Glasuren zu achten, denn Zitronen- und Essigsäure lösen die giftigen Bleisalze heraus und befördern sie damit in die Nahrung.

Salatsaucen, Dressings

Einfache Öl-Essig-Sauce

Zutaten:

3 EL Öl, 1 EL Essig oder Zitronensaft, je 1 Prise Salz, Zucker, Pfeffer

Zubereitung:

Essig oder Zitronensaft mit Salz und Zucker solange verrühren, bis alles gelöst ist. Öl unterrühren. Mit der Pfeffermühle darübergehen. Sofort über den Salat gießen. Geeignet für alle grünen Salate.

Jogurtsauce

Zutaten:

1/2 Glas Joghurt, 1 EL Essig oder Zitronensaft, 1 EL süße Sahne, je 1 Prise Selleriesalz und Knoblauchpulver, Pfeffer, 1 EL Petersilie

Zubereitung:

Joghurt mit allen Zutaten glattrühren. Kräftig abschmecken. Zum Schluß die feingehackte Petersilie unterrühren.

Saure Sahnesauce

Zutaten:

1/8 l saure Sahne, 1 TL Zitronensaft, 1 EL Zucker, 1 Prise Salz, 1 EL feingehackte Küchenkräuter

Zubereitung:

Saure Sahne mit Zitronensaft verrühren, anschließend mit Zucker und Salz abschmecken.

Zum Schluß die Küchenkräuter unterrühren. Geeignet für Blattsalate.

Vinaigrette

Zutaten:

50 g frische Kräuter (z. B. Kerbel, Estragon, Petersilie, Schnittlauch), 1 TL Kapern, 6 EL Öl, 3 EL Weinessig, Salz, weißer Pfeffer, Zucker

Zubereitung:

Kräuter verlesen, abspülen, trockentupfen und mit den Kapern sehr fein hacken. Öl mit Essig, Salz, Pfeffer und Zucker verrühren. Kräuter und Kapern untermischen. Geeignet für Blatt-, Gemüse-, Fleisch- und Fischsalate.

Eiersauce

Zutaten:

2 hartgekochte Eier, je 1 Prise Salz und Pfeffer, 1/2 TL mittelscharfer Senf, 1 TL Essig, 2 EL Öl, 1 TL Dillspitzen

Zubereitung:

Eigelb durch ein Sieb streichen, mit Salz, Pfeffer, Senf, Essig und Öl zu einer cremigen Sauce rühren. Eiweiß fein hacken, dazugeben. Dillspitzen untermischen.
Geeignet für Blatt-, Gurken- und Gemüsesalate.

Tip: Ein Ei zusätzlich hartkochen und als Garnierung verwenden.

Dillsauce

Zutaten:

1 Becher Joghurt oder 1/8 l saure Sahne, 1 EL Mayonnaise, 1 TL Dill, je 1 Prise Salz, Zucker, Pfeffer

Zubereitung:

Joghurt und saure Sahne mit den übrigen Zutaten verrühren, pikant abschmecken.
Geeignet für Blatt- und Gurkensalate.

French Dressing

Zutaten:

1/2 Tasse Weinessig, 1 1/2 Tassen Öl, 1 TL scharfer Senf, 1 kräftige Prise Zucker, 1/2 TL Paprika (rosenscharf), 1 Prise Knoblauchpulver, Salz, weißer Pfeffer

Zubereitung:

Weinessig mit Öl und Senf mischen. Mit Zucker, Paprika, Knoblauchpulver, Salz und weißem Pfeffer kräftig würzen. Gut verrühren und 30 Minuten kühl stellen. Nochmals abschmecken.
Geeignet für Blatt-, Kohl- und Fischsalate.

Amerikanisches Dressing

Zutaten:

1/8 l Sahne, 1 Schuß Cognac, je 1 EL Zitronen- und Orangensaft, 2 EL Tomatenketchup, einige Spritzer Tabascosauce

Zubereitung:

Sahne mit Cognac und Zitronen- und Orangensaft verrühren. Mit Tomatensauce und Tabascosauce kräftig würzen. 30 Minuten kühl stellen. Nochmals abschmecken.
Geeignet für Blatt-, Gemüse-, Fleisch-, Fisch- und Eiersalate.

Italienisches Dressing

Zutaten:

50 g Gorgonzola, 2 EL Milch, 2 EL Öl, 1 Prise Pfeffer, Salz

Zubereitung:

Gorgonzola mit einer Gabel zerdrücken, mit Milch und Öl glattrühren. Mit Pfeffer und Salz kräftig abschmecken. 30 Minuten kühl stellen.
Geeignet für Blatt- und Gemüsesalate.

Roquefort Dressing

Zutaten:

50 g Roquefort, 2 EL Milch, 2 EL Öl, je 1 EL Essig und Zitronensaft, 1 TL Sardellenpaste, etwas zerriebener Knoblauch, je 1 Prise Paprika, Pfeffer, Salz

Zubereitung:

Roquefort mit einer Gabel zerdrücken, mit Milch und Öl glattrühren. Die übrigen Zutaten unterrühren. 30 Minuten kühl stellen. Nochmals kräftig abschmecken.
Geeignet für alle Blatt- und Tomatensalate.

Remoulade

Zutaten:

200 g fertige oder selbstgemachte Mayonnaise (siehe Rezept S. 11), 1 Zwiebel, 2 kleine Gewürzgurken, 1 Sardellenfilet, 1/2 Bd. Petersilie, 3 Stengel Kerbel, 2 Stengel Dill, 1 EL Kapern, 1 Bd. Schnittlauch, 1 TL Senf, Salz, weißer Pfeffer

Zubereitung:

Mayonnaise in eine Schüssel geben. Zwiebel schälen, in Scheiben schneiden. Gewürzgurken ebenfalls. Sardellenfilet in kaltem Wasser 10 Minuten wässern, trockentupfen. Petersilie, Kerbel und Dill abbrausen, trockentupfen. Zwiebel-, Gewürzgurkenscheiben, Sardellenfilet, Kräuter und Kapern auf einem Brett ganz fein hacken oder durch den Fleischwolf drehen. Den gewaschenen Schnittlauch ganz fein schneiden. Alle Zutaten in die Mayonnaise rühren. Mit Senf, Salz und Pfeffer würzen. Remoulade 30 Minuten im Kühlschrank durchziehen lassen und vor dem Servieren nochmals abschmecken.

Geeignet für Kartoffel-, Eier-, Nudel-, Käse- und Fleischsalate.

Frische Salate

Kopfsalat in Roquefortdressing

Zutaten:

1 Kopfsalat, 1 Ecke Roquefortkäse, 1 EL Weinessig, 2 EL Öl, 3 EL Sahne, weißer Pfeffer, 1 Prise Zucker, 1 Msp. Senf, 1 Bd. Dill

Zubereitung:

Kopfsalat putzen, mit kaltem Wasser abspülen und auf einem Sieb abtropfen lassen. In mundgerechte Stücke zerpflücken, in eine Schüssel geben. Roquefort durch ein Haarsieb streichen. Mit Weinessig, Öl und Sahne verrühren. Mit Pfeffer, Zucker und Senfpulver oder Senf würzen. Dill unter fließend kaltem Wasser abspülen, trockentupfen und fein schneiden, dazugeben. Roquefortdressing über den Salat gießen.

Bergbauernsalat

Zutaten:

1 fester Kopfsalat; für die Marinade: 2 EL Öl, 1 1/2 EL Essig, 1 kleine Schalotte oder Zwiebel, Salz, Pfeffer; außerdem: 150 g durchwachsener Speck, 1 EL feingehackte Petersilie

Zubereitung:

Kopfsalat gründlich waschen, gut abtropfen lassen. Salat putzen, zerpflücken. In einer Schüssel anrichten. Marinade aus Öl, Essig, gewürfelter Schalotte oder Zwiebel und Gewürzen rühren. Über den Salat gießen. Vorsichtig mischen. Gewürfelten Speck in der Pfanne glasig werden lassen. Gehackte Petersilie dazugeben. Alles über dem Salat verteilen.

Feldsalat mit Walnüssen

Zutaten:

400 g Feldsalat, 1 Zwiebel, 100 g Walnußkerne; für die Marinade: 1 Becher Joghurt, Salz, weißer Pfeffer, 1 TL Senf, 2 EL Öl, 1 Prise Zucker

Zubereitung:

Feldsalat putzen, mit kaltem Wasser überbrausen. Abtropfen lassen, trockenschwenken. Zwiebel schälen, würfeln, Walnußkerne grob hacken (2 EL Walnußkerne zum Garnieren zurücklassen). Beides mit dem Salat mischen. Für die Marinade Joghurt mit Salz, Pfeffer, Senf, Öl und Zucker mischen. Kräftig abschmecken. Über den Salat gießen und vorsichtig untermischen. Mit gehackten Walnußkernen garniert servieren.

Chicoréesalat nach Gutsherrenart

Zutaten:

4 Chicoréestauden, 1 säuerlicher Apfel, 2 Tomaten, 1 kleine Zwiebel, 2 hartgekochte Eier; für die Marinade: 1/8 l Sahne, 2 TL Senf, Salz, 1 Prise Zucker, 1 TL Zitronensaft; zum Garnieren: 1 hargekochtes Ei, Paprika (rosenscharf)

Zubereitung:

Chicoréestauden waschen, putzen. Wurzelenden 1 cm breit abschneiden. Bitteren Kern keilförmig herausschneiden. Chicorée nochmals kurz waschen, gut abtropfen lassen. 8 schöne Blätter zum Garnieren zurückehalten. Restlichen Chicorée in Scheiben schneiden. Apfel schälen, würfeln. Tomaten waschen, abziehen und in Scheiben schneiden (einige Scheiben als Garnierung übriglassen). Zwiebel schälen und würfeln. Eier hacken. Alle Salatzutaten vorsichtig mischen. Für die Marinade Sahne mit Senf, Salz und Zucker verrühren, Zitronensaft zugeben. Die Marinade über die Salatzutaten gießen, 30 Minuten kühl stellen und durchziehen lassen. Eventuell nochmals abschmecken. In einer Schale anrichten, Salat mit Chicoréeblättern, Eivierteln und Tomatenscheiben garnieren. Mit Paprika überstäuben und servieren.

Chicoréesalat mit Mandarinen

Zutaten:

4 Chicoréestauden, 1 kleine Dose Mandarinen; für die Marinade: 4 EL Öl, 2 EL Mandarinensaft, Saft von 1/2 Zitrone, 1/2 TL Selleriesalz, 1 Msp. Thymian, weißer Pfeffer; zum Garnieren: 1 Orange, 1 Sträußchen Kresse

Zubereitung:

Chicoréesalat waschen und putzen. Wurzelenden 1 cm breit abschneiden. Bitteren Kern keilförmig herausschneiden. Chicorée nochmals waschen, gut abtropfen lassen und in Ringe schneiden. Mandarinen abtropfen lassen. Dabei den Saft auffangen. Chicorée und Mandarinen mischen. Für die Marinade Öl mit Mandarinen- und Zitronensaft verrühren. Mit Selleriesalz, Thymian und Pfeffer würzen. Marinade über den Salat gießen, 10 Minuten gut durchziehen lassen. Eventuell noch einmal abschmecken. Mit Orangenscheiben und 1 Sträußchen Kresse garniert servieren.

Rettichsalat mit Nüssen

Zutaten:

1 großer Rettich, 65 g Haselnußkerne; für die Marinade: 4 EL saure Sahne, 3 EL Öl, 1/2 EL Essig, Salz, frisch gemahlener weißer Pfeffer, 1 Prise Zucker

Zubereitung:

Rettich unter kaltem Wasser gründlich waschen, abtropfen lassen, dünn schälen. Auf einer mittelfeinen Rohkostscheibe raffeln. Haselnußkerne blättrig schneiden, über den Rettich streuen. Saure Sahne mit Öl, Essig, Salz, Pfeffer und Zucker verrühren. Über den Salat gießen, locker unterheben. Rettichsalat mit Nüssen sofort servieren.

Gurkensalat

Zutaten:

2 Salatgurken; für die Marinade: 5 EL Öl, 4 EL Zitronenessig, 1 TL Senf, Salz, schwarzer Pfeffer, 1 kräftige Prise Zucker, 1 kleine Zwiebel, 1/2 Bd. Schnittlauch, 1/2 Bd. Dill

Zubereitung:

Gurken waschen, ungeschält in dünne Scheiben schneiden. In eine Schüssel geben. Für die Marinade Öl mit Zitronensaft, Senf, Salz, Pfeffer und 1 kräftigen Prise Zucker verrühren. Zwiebel schälen, fein würfeln. In die Marinade geben. Schnittlauch und Dill waschen, fein hacken, in der Marinade verrühren. Marinade über den Salat gießen, gut mischen.

Bunter Salat Andalusien

Zutaten:

1 kleiner Kopfsalat, 2 grüne Paprikaschoten, 4 Tomaten, 2 Zwiebeln, 3 hartgekochte Eier, 20 gefüllte Oliven; für die Marinade: 4 EL Olivenöl, 3 EL Estragonessig, 1/2 TL Salz, grob gemahlener Pfeffer, 1 Prise Knoblauchpulver, 1 Prise fein verriebener Oregano; zum Garnieren: 1 Stengel Petersilie

Zubereitung:

Kopfsalat putzen, waschen, gut abtropfen lassen. Blätter etwas zerpflücken. Geputzte Paprikaschoten waschen, in zarte Streifen schneiden. Gehäutete Tomaten und geschälte Zwiebeln in Scheiben schneiden. Die hartgekochten Eier und die Oliven halbieren. Alle Zutaten bis auf die Salatblätter leicht mischen. Öl, Estragonessig, Salz, Pfeffer, Knoblauchpulver und Oregano in einer Schüssel zu einer sehr pikanten Marinade verrühren, über den Salat gießen. 30 Minuten in den Kühlschrank stellen. Salatblätter unterheben. Mit gewaschener, gehackter Petersilie bestreut servieren.

Kopfsalat mit Gurke

Zutaten:

1 Kopfsalat, 1 Salatgurke; für die Marinade: 1 Becher saure Sahne, 2 EL Milch, 2 EL Öl, 1 EL Zitronensaft, Salz, weißer Pfeffer, 1 Prise Zucker, 1 Msp. Selleriesalz, 1/2 TL Senf, 1/2 Bd. Petersilie, 1/2 Bd. Dill

Zubereitung:

Kopfsalat putzen, zerpflücken, waschen, abtropfen lassen. Gurke abspülen, ungeschält in hauchsünne Scheiben schneiden. In einer Schüssel beiseite stellen. Für die Marinade saure Sahne mit Milch, Öl und Zitronensaft, Salz, Pfeffer, Zucker, Selleriesalz und Senf in einer Schüssel verrühren. Petersilie und Dill abbrausen und fein hacken. Die Hälfte davon in die Marinade geben. Gurkenscheiben hineingeben und 5 Minuten darin ziehen lassen. In einer Glasschüssel anrichten. Mit den restlichen Kräutern bestreut servieren.

Gurken-Paprika-Salat

Zutaten:

1 Salatgurke, je 2 rote und grüne Paprikschoten, 3 Tomaten, 3 Zwiebeln; für die Marinade: 4 EL Öl, 3 EL Essig, Salz, Pfeffer, Knoblauchsalz, 1 Prise Zucker, Paprika (rosenscharf), 1 Bd. Petersilie

Zubereitung:

Salatgurke schälen, in Scheiben schneiden. Paprikaschoten aushöhlen, waschen, trockentupfen, in Ringe schneiden. Tomaten waschen, abziehen, Stengelansätze entfernen, in Scheiben schneiden. Zwiebeln schälen, in dünne Ringe schneiden. Alle Salatzutaten in einer Schüssel mischen. Für die Marinade Öl mit Essig verrühren. Salz, Pfeffer, Knoblauchsalz, Zucker und Paprika hineingeben. Gut umrühren, kräftig abschmecken. Petersilie waschen, hacken, in die Marinade rühren. Über den Salat gießen. Vorsichtig mischen. 15 Minuten durchziehen lassen.

Kopfsalat mit Radieschen

Zutaten:

1 Kopfsalat, 2 Bd. Radieschen; für die Marinade: 1 Zwiebel, 6 EL Sahne, 2 EL Öl, 1 Msp. geriebener Meerettich, Salz, weißer Pfeffer, 1 Prise Zucker, 1 Bd. Schnittlauch

Zubereitung:

Kopfsalat putzen. Blätter in kaltem Wasser waschen, abtropfen lassen. Radieschen waschen, in dünne Scheiben schneiden. Zum Salat geben. Für die Marinade Zwiebel schälen, fein reiben. Mit Sahne, Öl, Meerrettich, Salz, Pfeffer und Zucker verrühren. Salat mit Marinade begießen. Den feingehackten Schnittlauch darüberstreuen.

Griechischer Bauernsalat

Zutaten:

8 große Tomaten, 1 Salatgurke, 2 rote Zwiebeln, 1 Glas schwarze Oliven, 1 Dose Anchovisfilets, 200 g Schafskäse; für die Marinade: 1/8 l Olivenöl, Saft von 1 Zitrone, Salz, schwarzer Pfeffer, 1 kräftige Prise Majoran

Zubereitung:

Tomaten waschen, ungeschält in Viertel schneiden. Salatgurke waschen, ungeschält in dicke Scheiben schneiden. Zwiebel schälen, in feine Ringe schneiden. Oliven und Anchovisfilets abtropfen lassen. Schafskäse in grobe Würfel schneiden. Anchovisfilets zweimal durchschneiden und mit den Oliven und den übrigen Salatzutaten in eine Schüssel geben; mischen. Für die

Marinade Olivenöl mit Zitronensaft verrühren. Mit Salz, Pfeffer und Majoran abschmecken, zum Salat geben. Locker mischen.

Waldorfsalat

Zutaten:

100 g Walnußkerne, 3 säuerliche Äpfel, 2 junge Sellerieknollen, Saft von 1 Zitrone; für die Marinade: 80 g Mayonnaise, Salz, weißer Pfeffer, 1 Prise Zucker, 4 EL Sahne; zum Garnieren: 8 Salatblätter, 4 Cocktailkirschen

Zubereitung:

Walnußkerne (8 zum Garnieren zurücklegen) hacken. Äpfel schälen, vierteln, entkernen. Sellerieknollen schälen, waschen, abtropfen lassen. Beides in sehr feine Stifte (knapp 2 cm lang) schneiden oder grob raspeln. Mit Nüssen und Zitronenensaft mischen. Mayonnaise mit Salz, Pfeffer und Zucker würzen und glattrühren. Sahne steif schlagen, unter die Mayonnaise heben. Dann in den Salat mischen. Zugedeckt im Kühlschrank 20 Minuten ziehen lassen. Nochmals abschmecken. Salatblätter abbrausen, trockentupfen. Je 2 Blätter auf Salatteller legen, darauf den Waldorfsalat anrichten. Mit Cocktailkirschen und Walnußkernen garnieren.

Salat Aida

Zutaten:

2 hartgekochte Eier, 1 Kopf Endiviensalat, 6 Tomaten, 2 grüne Paprikaschoten, 1 Dose Arti-

schockenboden; für die Marinade: 1 Zwiebel, 1 Knoblauchzehe, 5 EL Estragonessig, 6 EL Öl, Pfeffer, Salz, 1 Prise Zucker, 1 TL scharfer Senf

Zubereitung:

Eier kochen, unter kaltem Wasser abschrecken, schälen und abkühlen lassen. Endiviensalat putzen, 10 Minuten in kaltes Wasser legen, trockentupfen, Blätter halbieren. Tomaten waschen, häuten, Stengelansätze herausschneiden. Tomaten in Scheiben schneiden. Gewaschene Paprikaschoten in dünne Streifen schneiden. Artischockenböden abgießen und vierteln. Für die Marinade Zwiebel und Knoblauchzehe schälen und fein hacken. Mit Essig, Öl, Pfeffer, Salz, Zucker und Senf verrühren. Endiviensalat auf eine tiefe Platte legen. Darauf die Tomatenscheiben, Paprikastreifen und Artischockenböden verteilen. Mit der Marinade übergießen. Mit Haushaltsfolie zugedeckt in den Kühlschrank stellen, etwa 1 Stunde ziehen. Eier in Scheiben schneiden, den Salat damit garnieren.

Kressesalat

Zutaten:

4 Kästchen Kresse, 8 EL Sahne, 4 EL Öl, 1 Zwiebel, Saft von 1 Zitrone, 2 EL Weißwein, Salz, weißer Pfeffer, 2 TL Zucker 1/2 Bd. Petersilie, 1/2 Bd. Dill; zum Garnieren: 1/2 Bd. Radieschen, 1 hartgekochtes Ei

Zubereitung:

Kresse abschneiden und verlesen. In kaltem Wasser kurz waschen, abtropfen lassen. Sahne und

Öl in eine Schüssel geben. Zwiebel schälen und sehr fein hacken. Mit dem Zitronensaft und Weißwein in die Sauce geben. Mit Salz, Pfeffer und Zucker würzen. Petersilie und Dill unter kaltem Wasser abspülen, trockentrupfen, fein schneiden. In die Sauce rühren. Kresse in eine Salatschüssel geben. Sauce darübergießen. Für die Garnierung Radieschen von Stielen und Wurzeln befreien, waschen, in Scheiben schneiden. Hartgekochtes Ei schälen, grob hacken. Mit den Radieschenscheiben über den Salat streuen.

Sauerkrautsalat

Zutaten:

500 g Sauerkraut, 2 große, säuerliche Äpfel, 4 Scheiben Ananas (Dose); für die Marinade: 1 kleiner Becher saure Sahne, 3 EL Mayonnaise, je 2 EL Ananas- und Sauerkrautsaft, Salz, weißer Pfeffer, 1 EL Zucker

Zubereitung:

Sauerkraut abtropfen lassen. Saft auffangen. Kraut grob hacken und in eine Schüssel geben. Äpfel schälen, vierteln und entkernen, würfeln. Ananas abtropfen lassen (Saft auffangen) und in Stifte schneiden. Äpfel und Ananas mit dem Sauerkraut mischen. Für die Marinade saure Sahne, Mayonnaise, Ananas- und Sauerkrautsaft mischen. Mit Salz, Pfeffer und Zucker abschmekken. Über den Salat gießen und unterrühren. Salat zugedeckt 20 Minuten im Kühlschrank durchziehen lassen. Dann eventuell nachwürzen, in einer Glasschüssel anrichten und servieren.

Paprikasalat

Zutaten:

4 rote, 3 grüne und 2 gelbe Paprikaschoten, 4 Zwiebeln, 1/2 Knoblauchzehe; für die Marinade: 3 EL Öl, 2 EL Essig, Salz, Pfeffer, 1 Prise Zukker, 2 Spritzer Tabascosauce, 1/2 Bd. Petersilie

Zubereitung:

Paprikaschoten vierteln, putzen, waschen, trockentupfen und in 1/2 cm breite und 3 cm lange Streifen schneiden. Zwiebeln schälen, in hauchdünne Ringe schneiden. Salatschüssel mit der geschälten, angeschnittenen Knoblauchzehe ausreiben. Für die Marinade Öl und Essig mit Salz und Pfeffer verrühren. Mit Zucker und Tabascosauce würzen. Paprika- und Zwiebelstreifen hineingeben, mischen. 20 Minuten durchziehen lassen und nachwürzen. Petersilie unter kaltem Wasser abbrausen, trockentupfen, fein hacken. Über den Paprikasalat streuen.

Alicesalat

Zutaten:

1 Kopf Endiviensalat, 1 grüne Paprikaschote, 1 rote Paprikaschote, 2 säuerliche Äpfel, 2 Orangen, 1 Grapefruit, 2 Tomaten; für die Marinade: 2 EL Mayonnaise, 2 EL Joghurt, Salz, Pfeffer, je 1 Prise Zucker und Ingwer, 2 EL Zitronensaft

Zubereitung:

Salat putzen, waschen, in Streifen schneiden, gut abtropfen lassen. Paprika waschen, putzen, in zarte Streifen schneiden. Geschälte Äpfel ebenfalls in Streifen schneiden. Orangen und Grapefruit schälen, filetieren. Tomaten in dünne Scheiben schneiden. Marinaden-Zutaten mischen und unter den Salat heben.

Sauerkraut-Rettich-Salat

Zutaten:

1 weißer Rettich, Salz, 1 großer, säuerlicher Apfel, Saft von 1/2 Zitrone, 200 g Weinsauerkraut; für die Marinade: 1/8 l saure Sahne, 1TL Zucker, Salz, Pfeffer; außerdem: 1/2 Bd. Schnittlauch

Zubereitung:

Rettich unter fließendem Wasser gründlich bürsten, hobeln. Reichlich mit Salz bestreuen. 10 Minuten durchziehen lassen. Apfel schälen, vierteln und fein würfeln. Mit Zitronensaft beträufeln, damit er nicht so schnell braun und unansehnlich wird. Sauerkraut abtropfen lassen, hacken. Rettichwasser abgießen. Für die Marinade saure Sahne glattrühren. Mit Zucker, Salz und viel Pfeffer würzen. Salatzutaten dazugeben und gut mischen. Zugedeckt 20 Minuten im Kühlschrank durchziehen lassen. Salat herausnehmen und in eine Glasschüssel füllen. Schnittlauch fein schneiden. Salat damit bestreuen und servieren.

Kopfsalat holländische Art

Zutaten:

1 Kopfsalat, 1/2 Salatgurke, 8 Scheiben Rote Bete (Glas), 4 hartgekochte Eier; für die Marinade:

1 Becher saure Sahne, 2 EL Weinessig, 2 EL Öl, Salz, weißer Pfeffer, 1 Prise Zucker, 1 kleine Zwiebel, 1/2 Bd. Petersilie, 1/2 Bd. Dill

Zubereitung:

Kopfsalat putzen, in kaltem Wasser waschen, zerpflücken und abtropfen lassen. Gurke abspülen und abtrocknen. Ungeschält längs halbieren und in 1/2 cm dicke Halbkreise schneiden. Rote Bete gut abtropfen lassen. Eier schälen, in Scheiben schneiden. Für die Marinade saure Sahne, Weinessig, Öl und Gewürze in einer Schüssel verrühren. Zwiebel schälen, sehr fein hacken. In die Marinade rühren. Petersilie und Dill abbrausen, mit Haushaltspapier trockentupfen und fein hacken. In die Marinade geben. Kopfsalat und Gurkenscheiben vorsichtig darin mischen. Auf 4 Dessertteller verteilen. Mit Roten Beten und Eierscheiben garniert servieren.

Rettichsalat mit Gurken und Apfel

Zutaten:

2 große, weiße Rettiche, Salz, 1 roter, säuerlicher Apfel, 1/4 Salatgurke, 1/4 l saure Sahne, weißer Pfeffer, 1 TL getrocknete Dillspitzen

Zubereitung:

Rettich unter kaltem Wasser gründlich waschen, schälen, in hauchdünne Scheiben schneiden (oder auf dem Gurkenhobel hobeln). In eine Schüssel geben. Reichlich mit Salz bestreuen. Gut mischen und zugedeckt 10 Minuten ziehen lassen. Apfel waschen, in kleine Schnitzel schneiden. Gurke abspülen, in dünne Scheiben hobeln.

Von den Rettichscheiben das Wasser abgießen. Apfel- und Gurkenscheiben zum Rettich geben. Saure Sahne schaumig schlagen, mit Pfeffer würzen. Über die Salatzutaten gießen. Alles gut mischen. Eventuell mit Salz nachwürzen. Dill darüberstreuen. Sofort servieren.

Doriasalat

Zutaten:

1 Salatgurke, 2 TL gehackter Estragon, 2 TL gehackter Dill, 1 TL gehackter Kerbel; für die Marinade: 3 EL Mayonnaise, 2 EL Sahne, 1 EL Kräuteressig, Salz, weißer Pfeffer, 1 Prise Zucker; außerdem: Salatblätter

Zubereitung:

Gurke schälen (junge Gurke nur waschen, nicht schälen), der Länge nach halbieren. In 1 cm dicke Scheiben schneiden. Estragon, Dill (etwas Dill zur Garnierung zurücklassen) und Kerbel mit den Gurkenstücken mischen. Für die Marinade Mayonnaise, Sahne und Kräuteressig verrühren. Mit Salz, Pfeffer und Zucker abschmecken. Marinade mischen. Salatblätter waschen und abtrocknen. Eine Schüssel damit auslegen. Salat darauf anrichten. Mit Dill garnieren.

Kopfsalat mit Früchten

Zutaten:

1 Kopfsalat, 1/2 kleine Dose Mandarin-Orangen, 2 Pfirsichhälften (Dose), 150 g blaue Weintrauben; für die Marinade: 1/2 Becher Joghurt, 3 EL

Mandarin-Orangensaft, 2 EL Zitronensaft, 1 EL Essig, Salz, 1 Prise Zucker, weißer Pfeffer

Zubereitung:

Kopfsalat putzen, in kaltem Wasser waschen, zerpflücken, gut abtropfen lassen. Mandarin-Orangen abtropfen lassen. Den Saft auffangen. Abgetropfte Pfirsichhälften in Stücke schneiden. Mit dem Salat und den Mandarin-Orangen in eine Schüssel geben. Weintrauben waschen, abtropfen lassen. Beeren von den Stielen zupfen, halbieren, entkernen, untermischen.
Für die Marinade Joghurt mit Mandarin-Orangensaft, Zitronensaft, Essig, Salz, Zucker und Pfeffer in einer Schüssel verrühren. Pikant abschmecken. Über den Salat gießen und alles nochmals mischen.

Tomatensalat

Zutaten:

500 g schnittfeste Tomaten, 1 Zwiebel; für die Marinade: 6 EL Öl, 2 EL Essig, 1/2 TL Senf, Salz, weißer Pfeffer, 1 Prise Zucker, 1 Bd. Petersilie

Zubereitung:

Tomaten waschen, in Scheiben schneiden. Zwiebel schälen, fein würfeln. Beides mischen. Für die Marinade Öl mit Essig und Senf verrühren. Mit Salz, Pfeffer und Zucker abschmecken. Petersilie abspülen, mit Haushaltspapier trocknen, hacken, in die Marinade geben. Marinade über den Salat gießen. Salat vorsichtig mischen. Vor dem Servieren 10 Minuten durchziehen lassen.

Radicchiosalat

Zutaten:

1 Radicchio, 100 g Feldsalat, 100 g Eichenlaubsalat, 3 Knoblauchzehen, 2 EL Öl, 2 EL Sherryessig, Salz, Pfeffer, 1/2 TL Senf

Zubereitung:

Die verschiedenen Blattsalate verlesen, waschen und je nach Blattgröße in Streifen schneiden. Den Knoblauch pressen und mit Senf verrühren. Dann die anderen Zutaten einrühren und über den gemischten Salat gießen. Gut mischen und etwas ziehen lassen.

Tip: Dieser Salat liefert Vitamin A und C.

Rettichsalat

Zutaten:

1/2 Rettich, gehackte Petersilie, Salz, 1 EL Öl

Zubereitung:

Den Rettich sehr fein hobeln, 1 Prise Salz hinzufügen und ihn erst mal kräftig »weinen« lassen. Die im Rettich enthaltenen Vitamine sind wasserlöslich und deshalb ist es sehr wichtig, diesen Saft nicht wegzugießen. Weiter mit den restlichen Zutaten vermischen.

Tip: Der Rettich wirkt durch seinen hohen Gehalt an Senföl stark auf Leber und Galle ein. Er behebt Blähsucht, Verstopfungen und Verdauungsbeschwerden.

Eichenlaubsalat mit Knoblauchdressing

Zutaten:

1/2 Eichenlaubsalat, 3 Knoblauchzehen, Salz, Pfeffer, 3 EL Olivenöl, 2 EL Rotweinessig, frische Kräuter

Zubereitung:

Die Eichenlaubblätter einzeln verlesen und waschen. Gut abgetropft mit der Hand verzupfen. Den geschälten Knoblauch durch eine Presse drücken und mit den restlichen Zutaten zu einem würzigen Dressing abschmecken. Dazu ein Schuß lauwarmes Wasser verwenden. Über den Eichenlaubsalat gießen. (Dieser bräunlich-grüne Salat wird aus Frankreich importiert.)

Brunnenkresse mit Adukibohnensprossen

Zutaten:

100 g Brunnenkresse, 50 g Adukibohnensprossen, 2 EL Öl, 1 EL Rotweinessig, 1 Prise Senfpulver (oder 1 TL Senf), Salz, Pfeffer, Zitronensaft, 1 Knoblauchzehe

Zubereitung:

Brunnenkresse besonders sorgfältig waschen, dazu für 1/2 Stunde in kaltes Salzwasser einlegen. Sorgfältig nachspülen und in einem Sieb abtropfen lassen. Mit den gereinigten Adukibohnensprossen vermischen. Diese Sprossen schmecken leicht nach Erdnüssen und sind reich an Protein. (Sie bekommen diese Sprossen in jedem gutsortierten Gemüsegeschäft.) Die Knoblauchzehe durch die Presse drücken und zusammen mit obigen Zutaten zu einer leicht cremigen Salatsauce verrühren. Über den Salat gießen und mit frischem Vollkornbrot genießen.

Tip : Die Stiele der Brunnenkresse sind als Rohkost nicht genießbar – auf alle Fälle entfernen. Brunnenkresse liefert reichlich Folsäure und Kalzium.

Blaukraut mit Datteln

Zutaten:

1/4 Kopf Blaukraut, 100 g Datteln, 2 EL Sonnenblumenöl, Salz, Pfeffer, 1 TL Senf, 1 EL Rotweinessig, 1 Prise Zucker

Zubereitung:

Das Blautkraut sehr fein raspeln. (Mit den Händen etwas durcharbeiten, da dieses Kraut sehr hart ist.) Die Datteln von den Kernen befreien und in feine Schnitze oder Streifen schneiden. Für das Dressing die restlichen Zutaten vermischen. Nach eigenem Geschmack noch nachwürzen oder mit etwas warmem Wasser mildern. Die Salatsauce über das Blaukraut, vermischt mit den Datteln, gießen.

Tip : Zu Blaukraut passen auch sehr gut alle Arten von Nüssen.

Italienischer Bauernsalat

Zutaten:

1 Salatgurke, 4 italienische Tomaten, 5–6 eingelegte grüne Peperoni, 10 g grüne mit Paprika gefüllte Oliven, 150 g Mozzarella, 1 kleine Dose Champignons, 150 g eingelegte Artischocken, 1/2 EL getrocknetes Basilikum, 1/4 TL Oregano, milder Weinessig und Olivenöl nach Geschmack, Salz und Pfeffer

Zubereitung:

Salatgurke gründlich waschen und in dicke Scheiben schneiden. Tomaten waschen und vierteln. Peperoni halbieren und die Oliven hacken. Mozzarella in kleine Würfel schneiden und die abgetropften Champignons halbieren. Gemüse in eine große Schüssel geben und mit den Gewürzen fein abschmecken.

Tomatensalat mit Mozzarella und Basilikum

Zutaten:

4 italienische Eiertomaten, 1 Mozzarella aus der Lake (etwa 150 g), 3 Zweige frisches Basilikum oder 1 TL feingehacktes Basilikum in Öl (Glas), etwas italienischer Weißwein, Olivenöl, 1/2 TL Balsamico-Essig (aber bitte nicht mehr!), Salz und Pfeffer

Zubereitung:

Tomaten waschen und vom Stielansatz befreien, anschließend in kleine Stücke schneiden. Mozzarella gut abtropfen lassen und ebenfalls in kleine Würfel schneiden. Beides in eine Schüssel geben. Von den Basilikumzweigen die einzelnen Blätter abzupfen, waschen und fein wiegen. In einer großen Tasse etwa 10 EL Wein, 4–5 EL Distelöl, Basalmico-Essig, etwas Salz und Pfeffer und Basilikum gut vermengen. Die Salatsauce über die Tomaten und den Mozzarella geben und gut vermischen. Nochmals abschmecken. Danach sofort in eine Plastikschüssel geben und gut verschließen.

Weißkrautsalat

Zutaten:

1 kg zartes Weißkraut, 150 g geräucherter Speck, 1 1/2 EL Salz, Pfeffer, Kümmel, Essig und Öl

Zubereitung:

Krautkopf putzen, vierteln und in dünne Streifen schneiden. Da das Schneiden selbst mit einem großen Messer noch viel Mühe macht, hier ein kleiner Tip: Die Krautviertel lassen sich mit der Brotschneidemaschine wunderbar in gleichmäßig dünne Streifen schneiden. Kraut nach dem Schneiden schichtweise in eine große, feste Schüssel geben und jede Schicht kräftig salzen und mit einem Fleischklopfer solange stampfen, bis das Kraut mürbe ist. Dann abgedeckt etwa 1 Stunde ziehen lassen. Anschließend nach Gechmack mit Pfeffer, Salz, Kümmel, Essig und Öl anmachen und nochmals kurz ziehen lassen. Währenddessen den Speck in kleine Würfel schneiden und gut ausbraten. Den noch warmen Speck in den Krautsalat mischen, durchziehen lassen. Dieser Krautsalat ist 2–3 Tage haltbar.

Feldsalat mit Seezungenstreifen

Zutaten:

4 Seezungenfilets (je 70 g), Salz, frisch gemahlener weißer Pfeffer, 1 EL Schlagsahne, Mehl zum Bestäuben, 50 g Butter, 1 Schalotte, 1 kleiner Bd. Schnittlauch, 1 EL Sherryessig, 2 EL Olivenöl, 1 EL Sojasauce, 400 g Feldsalat

Zubereitung:

Seezungenfilets waschen, trockentupfen, schräg in Streifen schneiden, mit Salz und Pfeffer würzen, mit der Sahne beträufeln und kurz ziehen lassen. Mit Mehl bestäuben, spiralförmig drehen, (mit Zahnstocher befestigen) und in der Butter knusprig braten. Für die Sauce Schalotte schälen und fein schneiden, Schnittlauch ebenfalls fein schneiden, mit Sherryessig, Öl und Sojasauce verrühren, mit Salz abschmecken. Feldsalat waschen und trockenschütteln. Fische mit dem Salat anrichten und mit der Sauce anmachen.

Löwenzahnsalat

Zutaten:

400 g junge Löwenzahnblätter, 200 g magerer Räucherspeck, 6 EL Olivenöl, 1 TL scharfer Senf, 2 EL Weinessig, 1 El feingehackte Zwiebeln, Salz, Pfeffer, 2 Eier, 2 EL feingehackte Kräuter

Zubereitung:

Löwenzahn waschen und nur die weichen Herzblätter behalten. In eine Salatschüssel geben. Speck in dem Olivenöl knusprig braten, mit Essig löschen, Senf einrühren. Zwiebeln, etwas Salz und Pfeffer und Speck samt Flüssigkeit noch warm über dem Löwenzahn verteilen. Eier hart kochen, würfeln und zusammen mit den Kräutern über den Salat streuen.

Kalter Gemüsesalat

Zutaten:

Gemüse der Saison wie z. B. Rote Bete, Sellerie, Möhren, Spargel, Artischocken, Frühlingszwiebeln, Fenchelknollen usw., Blattsalat; für die Vinaigrette: 1 TL scharfer Senf, Salz, Pfeffer, 2 EL Weinessig, 6 EL Olivenöl, 2 EL feingehackte Kräuter, 1 EL feingehackte Zwiebel

Zubereitung:

Die verschiedenen Gemüse waschen und in mundgerechte Streifen schneiden. Je nach Geschmack in etwas Salzwasser blanchieren (das Gemüse muß noch Biß haben!) und erkalten lassen oder als Rohkost zubereiten. Eine Schüssel mit Salatblättern auslegen, darauf die verschiedenen Gemüsesorten dekorativ anrichten. Darüber die Vinaigrette geben: Senf mit Salz, Pfeffer und Essig verrühren und langsam das Öl unterschlagen. Zum Schluß die gehackten Kräuter und die Zwiebel an die Sauce geben. Etwas von den Kräutern zum Garnieren zurückbehalten.

Nizza-Salat

Zutaten:

4 kleine Kartoffeln, 1 Kopf Salat, 2 Tomaten, je 1 rote und 1 grüne Paprikaschote, 1 Stange Sel-

lerie, 1 kleine Salatgurke, 4 hartgekochte Eier, 1 Gläschen Kapern, 3 Anchovisfilets, 1 Dose Thunfisch, 100 g schwarze Oliven, Basilikum, Petersilie; für das Dressing: 1 Zwiebel, 3 EL Rotweinessig, 6 EL Olivenöl, 100 g Joghurt, Salz, Pfeffer, 1/2 TL Honig

Zubereitung:

Die Kartoffeln kochen und abkühlen lassen (am besten am vorigen Tag kochen). Währenddessen die Salatsauce zubereiten: Zwiebel fein hacken und mit den übrigen Zutaten vermengen. 4 flache Teller mit Salatblättern auslegen. Kartoffeln in Scheiben schneiden, Tomaten vierteln, Paprikaschoten in dünne Streifen, Sellerie in feine Ringe und Gurke in Scheiben schneiden. Eier vierteln, Kapern abtropfen, Anchovisfilets kleinschneiden und Thunfisch zerpflücken. Alles zusammen mit den Oliven gleichmäßig auf allen Tellern dekorativ verteilen. Die Sauce nun ebenfalls gleichmäßig auf die Teller verteilen und mit den gehackten Kräutern garnieren.

Sellerie-Trüffel-Salat

Zutaten:

1 Stange Sellerie, 1 Trüffel, 150 ml Olivenöl, 1 EL Weißweinessig, Salz, Pfeffer, Petersilie

Zubereitung:

Sellerie in feine und Trüffeln in hauchdünne Scheiben schneiden. Aus Olivenöl, Essig, Salz und Pfeffer eine Marinade bereiten und darübergießen. Petersilie ganz fein hacken und über den Salat streuen.

Zucchinisalat mit Krabben

Zutaten:

4 Zucchini, 250 g Krabben, 1 Tasse Mayonnaise, Saft von 1/2 Zitrone, 3 Tomaten, 2 EL Oliven, 1 Prise Cayennepfeffer, 2 Knoblauchzehen

Zubereitung:

Zucchini schälen, fein würfeln und kurz in Salzwasser blanchieren. Abgießen und abtropfen lassen, abkühlen. Tomaten heiß überbrühen, kalt abschrecken, häuten und von den Kernen befreien. Beide Zutaten in eine Schüssel geben. Knoblauchzehen schälen und fein würfeln oder durch die Knoblauchpresse geben. Krabben und gehackte Oliven untermengen. Mit Cayennepfeffer würzen. Gut gekühlt servieren.

Rote-Bete-Salat nach türkischer Art

Zutaten:

500 g Rote Bete, 3–4 EL Öl, 3 Knoblauchzehen, Saft von 1 Zitrone, 1/2 Glas Essig

Zubereitung:

Rote Bete waschen, schälen und in 1 l Essigwasser (aus 1/2 Glas Essig) kochen lassen, bis sie weich sind. In Scheiben schneiden. Öl, durchgepreßten Knoblauch und Zitronensaft zugeben. Alles vermischen und etwa 1/2 Stunde ziehen lassen.

Tip: Beim Schälen der roten Beten besser Handschuhe tragen, da die Beten stark rot färben.

Mungobohnenkeimlinge in feiner Sauce

Zutaten:

200 g Mungobohnenkeimlinge, 1 Zwiebel, 2 Essiggurken, 2 Tomaten, 3 Knoblauchzehen, 1 Bd. Schnittlauch, Saft von 1 Zitrone, 1 EL vegetarische Paste, 2 EL Olivenöl, 1 EL Essig, Salz, Pfeffer

Zubereitung:

Mungobohnenkeimlinge gründlich waschen und abtropfen lassen. Zwiebel und die Knoblauchzehen schälen und hacken. Diese mit vegetarischer Paste, Zitronensaft, Olivenöl, Essig, Salz und Pfeffer zu einer Marinade verrühren. Essiggurken und Tomaten in kleine Stücke schneiden. Schnittlauch säubern und kleinschneiden. Alle Zutaten vermengen und mit der Sauce übergießen.

Gurkensalat mit Mungobohnensprossen

Zutaten:

1 große Salatgurke, 1/4 kg Wassermelone, 200 g Mungobohnensprossen, 1 Apfel, 1 EL Mayonnaise, 1/4 l saure Sahne, 4 EL Sahne, Salz, Pfeffer, 1 kräftrige Prise Currypulver, gehackter Koriander

Zubereitung:

Salatgurke schälen und in dünne Scheiben schneiden. Wassermelone schälen, die Kerne entfernen und in gleichmäßige Stückchen schneiden. Melonenstückchen, Gurkenscheiben und Mungobohnensprossen in einer größeren Salatschüssel vermengen. Mayonnaise mit saurer

Sahne und Sahne verrühren. Mit Salz, Pfeffer, Curry und Koriander abschmecken. Über den Salat gießen. Apfel schälen und mit einem Hobel in den Salat raspeln. Gut vermischen und etwas durchziehen lassen.

Pak-Choi-Salat

Zutaten:

300 g Pak-Choi-Salat, 100 g Sojabohnensprossen, 2 EL Olivenöl, 2 EL Sherryessig, Salz, Pfeffer, Zitronensaft

Zubereitung:

Salat und Bohnensprossen verlesen und waschen. Die Stengel und die Blätter des Pak-Choi-Salats kleinschneiden. Eine Marinade anrühren und alles vermischen.

Tip: Dieser Salat enthält viel Vitamin A, C und E. Die Sprossen kann man auch selber keimen lassen.

Salat mit Sojabohnensprossen

Zutaten:

1/4 kg Sojabohnensprossen, 1/2 kg Pak-Choi-Salat, 1 EL Mayonnaise, 1 TL Tomatenketchup, 5 EL Rotweinessig, Salz, Pfeffer, 1 Schuß Orangensaft

Zubereitung:

Die Sojabohnensprossen sorgfältig waschen und über einem Sieb abtropfen lassen. Den Pak-Choi-Salat (orientalisches Gemüse) verlesen, die Stengel und die Blätter in Streifen schneiden und ebenfalls waschen. Aus Mayonnaise, Ketchup, Rotweinessig, Salz, Pfeffer und Orangensaft eine pikante Marinade herstellen. Über den Salat gießen, vermengen und kühl stellen.

Fenchel mit Hüttenkäse

Zutaten:

1/2 kg Fenchel, 2 Birnen, 4 EL ungesalzene gehackte Erdnüsse, 100 g Hüttenkäse, 1/2 Becher saure Sahne, Salz, Pfeffer, 1 EL Mayonnaise, Saft von 1/2 Zitrone, 100 g schöne große Spinatblätter

Zubereitung:

Spinatblätter reinigen, trockentupfen und sternenförmig auf 4 große Teller verteilen. Fenchel putzen und fein würfeln. Birnen schälen und ebenfalls würfeln. Fenchel- und Birnenwürfel mit den Erdnüssen vermischen. Aus Hüttenkäse, saurer Sahne, Mayonnaise, Zitronensaft und den Gewürzen eine pikante Marinade rühren. Unter den Fenchelsalat mischen und kunstvoll auf der Mitte der Spinatblätter anrichten.

Tip: Fenchelgrün zum Garnieren benutzen. Dazu paßt ein trockener Weißwein.

Zwiebelsalat mit Tomaten

Zutaten:

1/2 kg Zwiebeln, 1/4 kg Tomaten, 1 Bd. Petersilie, 2 EL Butter, Salz, Pfeffer, 1 Prise Knoblauchpulver, 1 Prise rosenscharfer Paprika, 1 Prise

Kümmel, 1 TL Senf, 5 EL saure Sahne, nach Belieben 1 Prise Zucker, Saft von 1 Zitrone

Zubereitung:

Zwiebeln schälen, halbieren und in Scheiben schneiden. Tomaten blanchieren, häuten und vierteln. Mit einem scharfen Messer die Kerne herauskratzen und längs in Streifen schneiden. Die Zwiebelstreifen in heißer Butter glasig dünsten – mindestens 20–30 Minuten. Anschließend die Pfanne vom Herd ziehen und mit sämtlichen Zutaten pikant abschmecken. Petersilie hacken und zum Schluß einstreuen. Mit Tomatenstreifen vermischen und mit frischem Bauernbrot genießen. Als Getränk ist ein Weißwein oder Bier passend.

Floridasalat

Zutaten:

1 Bd. Radieschen, 1 rote Zwiebel, 4 Tomaten, 200 g Champignons, 1 Dose Maiskörner (Abtropfgewicht 285 g), 1 Romana-Salat (ersatzweise Kopfsalat), 100 g gekochte Schinkenscheiben, 100 g Edamerkäse, 100 g Mayonnaise, 100 g saure Sahne, 1 EL scharfer Senf, etwas Zitronensaft, Salz, Pfeffer, 2 Kästchen Kresse

Zubereitung:

Radieschen vom Grün befreien, waschen und feinblättrig schneiden. Zwiebel schälen und in Ringe schneiden. Tomaten waschen und in dünne Scheiben schneiden. Champignons putzen und feinblättrig schneiden. Maiskörner über einem Sieb abtropfen lassen. Romana-Salat in nudelartige Streifen schneiden, gründlich waschen und in einem Sieb abtropfen lassen. Schinken- und Käsescheiben in dünne Streifen schneiden. Die vorbereiteten Salatzutaten auf 4 Teller verteilen und dabei hübsch anrichten. Für die Salatsauce Mayonnaise, saure Sahne, Zitronensaft, Senf, Salz und Pfeffer verrühren. Kurz vor dem Servieren über die Salatportionen gießen. Kresse aus den Kästchen schneiden, säubern und als Garnitur verwenden.

Szechwansalat

Zutaten:

5 rote Chilischoten, 1/2 Rettich, 1 Möhre, 300 g Chinakohl oder Weißkraut, 1/2 Gurke; für die Salatsauce: 5 Scheiben Ingwerwurzel, 2 EL helle Sojasauce, 1 EL Zucker, 4 EL Essig, Salz, Pfeffer, Glutamat, 2 EL Sherry oder Reiswein, einige Tropfen Sesamöl, 4 Tassen Wasser

Zubereitung:

Gurke längs halbieren, dann schräg in Scheiben schneiden, Möhre und Rettich in Scheiben schneiden, Chilischoten entkernen und in dünne Streifen schneiden. Chinakohl in etwa 4–5 cm lange Stücke zerteilen. Das Gemüse mit Salz bestreuen, einige Minuten ziehen lassen. Wenn es etwas weicher geworden ist, das Salz abspülen und gut abtropfen lassen. Saucenzutaten gründlich verrühren und zum Kochen bringen, kalt stellen. Gemüse zugeben, gut umrühren, im Kühlschrank etwa 2–3 Tage ziehen lassen. In einem gut verschlossenen Topf oder Glas aufbewahren.

Gekochte Gemüsesalate

Artischockensalat

Zutaten:

6 Artischocken, Salz, 3 Tomaten, 1 grüne Paprikaschote, 1 Knoblauchzehe, schwarzer Pfeffer; für die Marinade: 1/2 Tasse Olivenöl, 2 EL Essig, 1 Prise Zucker; zum Garnieren: 1/2 Bd. Petersilie

Zubereitung:

Artischocken waschen. Obere Spitzen wegschneiden. In stark gesalzenem Wasser 35 Minuten kochen. Blätter abzupfen und den unteren, eßbaren Teil abstreifen. Die Böden in feine Streifen schneiden. Tomaten waschen, in Schnitzel schneiden. Paprikaschote waschen, würfeln, Knoblauchzehe putzen. Mit etwas Salz zerdrücken. Mit dem Gemüse mischen, pfeffern. Olivenöl mit Essig und Zucker mischen. Über den Salat gießen, gut mischen. 20 Minuten stehen lassen und nochmals abschmecken. Gehackte Petersilie unterheben.

Zwiebelsalat

Zutaten:

500 g sehr kleine Zwiebeln, 1 l Wasser, Salz, Saft von 1/2 Zitrone; für die Marinade: 2 EL saure Sahne, 3 EL Weinessig, 4 EL Öl, 1/2 TL Senf, Salz, weißer Pfeffer, 1 Prise Zucker; zum Garnieren: 2 Tomaten, 1/2 Bd. Petersilie

Zubereitung:

Zwiebeln schälen. Wasser mit Salz und Zitronensaft in einem Topf aufkochen. Zwiebeln hineingeben, 2 Minuten kochen lassen. Abtropfen und erkalten lassen. Saure Sahne mit Weinessig, Öl und Senf verrühren. Mit Salz, Pfeffer und Zucker pikant abschmecken. Zwiebeln dazugeben. Zugedeckt 20 Minuten durchziehen lassen. Dann anrichten. Tomaten häuten, vierteln und entkernen. Stengelansätze dabei herausschneiden. Petersilie abspülen, trockentupfen und zerpflücken. Zwiebelsalat mit Tomatenvierteln und Petersiliensträußchen garnieren.

Auberginensalat

Zutaten:

2 Auberginen (etwa 300 g), Salz, 125 g Fleischwurst, 4 hartgekochte Eier; für die Marinade: 100 g Mayonnaise, 2 TL Senf, 1 EL Büchsenmilch, 1 TL Zitronensaft, 1 Prise Zucker, Salz, weißer Pfeffer; zum Garnieren: 3 Stengel Petersilie

Zubereitung:

Auberginen waschen und trocknen. Stengelansatz abschneiden. In Scheiben und dann in Streifen schneiden, leicht salzen. 30 Minuten durchziehen, dann abtropfen lassen. 10 Minuten in wenig Salzwasser kochen. Wieder abtropfen lassen. Gehäutete Fleischwurst in Streifen, die hartgekochten, geschälten Eier in Scheiben schneiden. (Ein paar Eierscheiben zum Garnieren zurücklassen.) Mayonnaise mit Senf verrühren. Büchsenmilch dazugeben, auch den Zitronensaft. Mit Zucker, Salz und Pfeffer abschmecken. Mit den übrigen Zutaten mischen. In einer Schüssel anrichten. Mit Eierscheiben und Petersilie garnieren.

Um eine leichtere Marinade zu haben, kann die Mayonnaise durch Joghurt ersetzt werden.

Blumenkohl-Brokkoli-Salat

Zutaten:

1 Blumenkohl, 1/4 Zitrone, Salz, 1 Packung tiefgekühlter Brokkoli (oder 250 g frischer); für die Marinade: 3 EL Essig, 4 EL Öl, Salz, Pfeffer, 1 Prise Zucker, 2 TL Meerrettich, Senf; zum Garnieren: 2 hartgekochte Eigelb

Zubereitung:

Blumenkohl putzen, in Röschen teilen, in kochendes Wasser geben. Mit Zitronenscheibchen und Salz würzen. In 15 Minuten bißfest kochen. Herausnehmen, abtropfen und auskühlen lassen. Mit dem aufgetauten Brokkoli mischen. (Frischen putzen, waschen und 15 Minuten in Salzwasser kochen, abtropfen lassen.) Marinade aus Essig, Öl, Salz, Pfeffer, Zucker, Meerrettich und Senf rühren. Pikant abschmecken. Über das Gemüse geben und 20 Minuten ziehen lassen. Anrichten und mit gewürfeltem Eigelb garnieren.

Bohnensalat einfach

Zutaten:

500 grüne Bohnen, Salz; für die Marinade: 2 EL Öl, 4 EL Essig, 1 Zwiebel, Salz, Pfeffer, 1 Prise Zucker

Zubereitung:

Gefädelte, gewaschene Bohnen brechen. In kochendes, gesalzenes Wasser geben. In 20 Minuten gar kochen. Auf einem Sieb abtropfen und auskühlen lassen. Aus Öl, Essig, feingewürfelter Zwiebel, Salz, Pfeffer und 1 Prise Zucker die Marinade rühren. Über die Bohnen gießen.
30 Minuten durchziehen lassen.

Rote-Bete-Salat

Zutaten:

750 g Rote Bete, 1 1/2 l Wasser, Salz; für die Marinade: 4 EL Öl, 2 EL Weinessig, 1 TL Senf, Salz, weißer Pfeffer, 1 TL Zucker; außerdem: 2 Äpfel, 1 Zwiebel

Zubereitung:

Wurzeln und Blätter der Roten Bete so abschneiden, daß noch etwa 2 cm an den Knollen bleiben. Unter fließendem Wasser gründlich bürsten. Wasser mit Salz zum Kochen bringen. Rote-Bete-Knollen hineingeben (sie müssen ganz mit Wasser bedeckt sein), aufkochen lassen und in etwa 80 Minuten (je nach Größe der Knollen) gar kochen. Mit kaltem Wasser abschrecken. Etwas abkühlen lassen, schälen, in Scheiben schneiden. Eine Marinade aus Öl, Essig, Senf, Salz, Pfeffer und Zucker bereiten. Gut verrühren. Äpfel würfeln, Zwiebeln fein würfeln.Mit den Roten Beten und den Äpfeln in die Marinade geben. Alles miteinander vermischen. Zugedeckt an einem kühlen Ort 12 Stunden ziehen lassen.

Bohnensalat ungarisch

Zutaten:

250 g weiße Bohnen, Salz, 2 rote Paprikaschoten, 1/4 gehobelter Weißkohl, 1 gewürfelte Zwiebel; für die Marinade: 2 EL Weinessig, Salz, Paprika (rosenscharf), Knoblauchsalz, 4 EL Sonnenblumenöl

Zubereitung:

Die weißen Bohnen über Nacht in Wasser einweichen. Im gesalzenen Einweichwasser 70 Minuten kochen, abtropfen lassen. Paprika putzen, entkernen, in feine Streifen schneiden. Mit dem geputzten, gehobelten Weißkohl und der geschälten, gewürfelten Zwiebel mischen. Essig, Salz, Paprika, Knoblauchsalz und Sonnenblumenöl zu einer Marinade rühren. Pikant abschmecken. Mit Paprika, Weißkohl, Zwiebeln und den noch warmen Bohnen gut mischen. Kalt stellen und 2–3 Stunden durchziehen lassen.

Blumenkohlsalat bunt

Zutaten:

1 kleiner Blumenkohl, 1/4 l Milch, Salz, weißer Pfeffer, 1 TL Paprika (edelsüß), 1 Prise Zucker, 1 Dose Erbsen und Möhren; für die Marinade: 1 Zwiebel, 1/2 Knoblauchzehe, Salz, 1/2 Bd. Schnittlauch, 1 EL Essig, 1 Beutel Mayonnaise, 1/2 Becher Joghurt, Paprika (edelsüß), je 1 TL gehackte Petersilie, Kerbel und Dill

Zubereitung:

Blumenkohl in Röschen teilen. Mit etwas Wasser und Milch, Salz, Pfeffer, Paprika und Zucker in

15 Minuten bißfest kochen. Erbsen und Möhren zugeben, erhitzen. Auf einem Sieb abtropfen und abkühlen lassen. Für die Marinade Zwiebel würfeln, Knoblauchzehe mit etwas Salz zerdrücken. Mit gehacktem Schnittlauch, Essig, Mayonnaise und Joghurt mischen. Mit Salz und Paprika würzen. Mit den Kräutern über das Gemüse geben und mischen.

Bunter Spargelsalat

Zutaten:

250 g frische Champignons, 25 g Butter, Salz, 1 Dose Spargel, 100 g Tomaten; für die Marinade: 1 EL Essig, 4 EL Öl, Salz, Pfeffer, Paprika (rosenscharf); zum Garnieren: 1/2 Bd. Petersilie

Zubereitung:

Champignons putzen, waschen, in Scheiben schneiden. In der heißen Butter 10 Minuten dünsten, leicht salzen, abkühlen lassen. Spargel aus der Dose nehmen, abtropfen lassen. In Stücke schneiden. Mit den Champignons mischen. Ein paar Spargelspitzen zum Garnieren zurücklassen. In 4 große Gläser verteilen. Zum Schluß mit gewaschener, zerpflückter Petersilie und Spargelspitzen den Champingon-Spargel-Salat garnieren und sofort servieren.

Blumenkohlsalat mit Kresse

Zutaten:

1 mittelgroßer Blumenkohl, Salz; für die Marinade: 2 EL Öl, 3 EL Essig, Salz, weißer Pfeffer,

1 Prise Muskatnuß, 125 g Kresse, 1 Bd. Schnittlauch

Zubereitung:

Blumenkohl putzen, in Röschen teilen. In leicht gesalzenem Wasser in 15 Minuten bißfest kochen, abtropfen und abkühlen lassen. Aus Öl, Essig, Salz, Pfeffer und Muskatnuß eine Marinade rühren. Kresse waschen, abtropfen lassen. In die Marinade geben. Gewaschenen, gehackten Schnittlauch ebenfalls. Blumenkohl in einer Schüssel anrichten. Salatsauce darüber verteilen. 20 Minuten ziehen lassen.

Maissalat nach Farmer Art

Zutaten:

280 g Maiskörner (Dose), Saft von 1 Zitrone, 6 Tomaten, 125 g Rauchfleisch; für die Marinade: 100 g Mayonnaise, 2 EL Whisky, 2 TL geriebener Meerrettich (Glas), Salz, weißer Pfeffer, 1 Prise Zucker; zum Garnieren: 8 Salatblätter, 1/2 Bd. Schnittlauch

Zubereitung:

Maiskörner auf einem Sieb abtropfen lassen, in eine Schüssel geben und mit Zitornensaft beträufeln. Tomaten mit kochendem Wasser übergießen, häuten, in Würfel schneiden. Rauchfleisch ebenfalls würfeln. Mit den Tomaten zu dem Mais geben. Für die Marinade Mayonnaise, Whisky und Meerrettich in einer Schüssel verrühren. Mit Salz, Pfeffer und Zucker abschmecken. Über den Saladt gießen. Zugedeckt 20 Minuten im Kühlschrank durchziehen lassen.

In der Zwischenzeit Salatblätter waschen, trockenschwenken. Eine Schüssel damit auslegen. Maissalat darin anrichten. Schnittlauch kleinschneiden. Über den Salat streuen und sofort servieren.

Spargel-Champignon-Salat

Zutaten:

500 g Spargel (frisch gekocht oder aus der Dose), 500 g frische Champignons; für die Marinade: 6 EL Olivenöl, Saft von 1/2 Zitrone, Salz, weißer Pfeffer, 1 Prise Zucker; zum Garnieren: 1/2 Kästchen Kresse

Zubereitung:

Spargel abtropfen lassen, in Stücke schneiden. Champignons von Stielenden befreien, in kaltem Wasser gründlich waschen und abtrocknen (größere Pilze halbieren). Mit den Spargelstücken mischen. Für die Marinade Öl und Zitronensaft verrühren. Mit Salz, Pfeffer und Zucker abschmecken. Über den Salat gießen, mischen, anrichten. Büschelweise mit Kresse garnieren.

Bohnenkernsalat mit Speck

Zutaten:

500 g kleine dicke Bohnen aus der Dose, Salz; für die Marinade: 2 EL Essig, Salz, 1 Prise Zucker, 1 Prise Paprika (rosenscharf), 4 EL Öl, 1 gewürfelte Zwiebel; außerdem: 125 g durchwachsener Speck

Zubereitung:

Bohnen abtropfen lassen, salzen. (Frische Bohnen aus der Schale lösen, Kerne in gesalzenem Wasser in etwa 30 Minuten weich kochen, abtropfen lassen.) Marinade aus Essig, Salz, Zucker, Paprika, Öl und Zwiebelwürfeln rühren. Bohnenkerne mindestens 1 Stunde darin ziehen lassen. Den gewürfelten, knusprig gerösteten Speck unter den Salat mischen.

Spargelcocktail

Zutaten:

250 g Brechspargel (Dose), 1 kleine Dose Mandarinen, 1/2 Bd. Petersilie; für die Marinade: 6 EL Sahne, 60 g Mayonnaise, 1 EL Mandarinen (Dose), 1 TL Zitronensaft, Salz, weißer Pfeffer

Zubereitung:

Spargel und Mandarinen abtropfen lassen. Petersilie abbrausen, mit Haushaltspapier trockentupfen, fein hacken. Alles in einer Schüssel mischen. Für die Marinade Sahne halbsteif schlagen. Mit Mayonnaise, Mandarinensaft und Zitronensaft mischen. Mit Salz und Pfeffer pikant würzen. Marinade über den Salat gießen. Vorsichtig mischen, etwas durchziehen lassen.

Duchesse-Salat

Zutaten:

300 g Spargelspitzen (Dose), 1 kleine Sellerieknolle, 250 g Kartoffeln, 2 Bananan, 4 Tomaten, 1 EL gehackte Kresse, 1 TL gehackter Dill; für die

Marinade: 60 g Mayonnaise, 1 Becher Joghurt, 1/8 l Sahne, Saft von 1/2 Zitrone, Salz, weißer Pfeffer, 1 Prise Zucker; zum Garnieren: 1 Petersiliensträußchen

Zubereitung:

Spargelspitzen auf einem Sieb gut abtropfen lassen. Sellerieknolle und Kartoffeln waschen und getrennt gar kochen. Schälen und in Scheiben schneiden. Bananen schälen und in Scheiben schneiden. Tomaten waschen, in Streifen schneiden. Alles vorsichtig mischen. Kresse und Dill vorsichtig unterheben. Für die Marinade Mayonnaise, Joghurt und Sahne verrühren. Mit Zitronensaft, Salz, Pfeffer und Zucker abschmecken. Salatzutaten in einem großen Glas dekorativ anrichten. Marinade darübergießen. Mit Petersiliensträußchen garnieren. 10 Minuten kalt stellen.

Salat aus Schwarzwurzeln

Zutaten:

1/2 kg Schwarzwurzeln (frisch gekocht oder aus dem Glas), Saft von 1/2 Zitrone, 1 TL Butter, 2 Schalotten, 2 Knoblauchzehen, 1/4 kg grüne Bohnen (frisch oder aus dem Glas), Kräutersalz, Pfeffer, 2 EL frisch gehackte Petersilie), 5 EL Distelöl, 2 EL Weinessig, 1 Schuß Zitronensaft, nach Belieben 150 g gewürfelter Käse

Zubereitung:

Frische Schwarzwuzeln und frische Bohnen verlesen und waschen. Schwarzwurzeln schälen und quer in mundgerechte Stücke schneiden. Beide

Gemüse separat gar kochen, dabei das Wsaser für die Schwarzwurzeln mit Zitrone säuern, salzen und einen Klecks Butter hinzufügen. Die Schalotten und die Knoblauchzehen schälen und hacken. Mit Essig, Öl, Zitronensaft, Petersilie, Salz und Pfeffer eine kräftige Marinade anrühren. Über das warme Gemüse und die Käsewürfel gießen und kühl stellen.

Okra-Salat

Zutaten:

1 kg Okras (schotenartiges Gemüse), 4 Tomaten, 1 Zwiebel, 4 Knoblauchzehen, Salz, Pfeffer, Saft von 1 Zitrone, 6 EL Olivenöl, 1 Bd. gehackte Petersilie

Zubereitung:

Okras kalt abwaschen und zum Trocknen auf ein Tuch legen. Bei jeder Schote die Spitze nur so weit abschneiden, daß die Frucht nicht verletzt wird. In einer Pfanne Olivenöl erhitzen und darin Okras von allen Seiten goldgelb braten, salzen und pfeffern. Die fertigen Schoten in eine flache, feuerfeste Form schichten. Mit Zitronensaft beträufeln. Knoblauch und die Zwiebel hacken und zusammen mit den gewürfelten Tomaten über die Okras streuen. In dem vorgeheizten Ofen bei etwa 150 Grad etwa 1/2 Stunde backen lassen – gelegentlich schütteln, mit Petersilie bestreuen.

Tip: Servieren Sie diese Spezialtät warm oder gut gekühlt.

Auberginen mit Schafskäse

Zutaten:

4 Auberginen, 1 TL Salz, 10 EL Olivenöl, 2 Knoblauchzehen, 1 Msp. weißer Pfeffer, Saft von 1 Zitrone, 1 Bd. frischer oder 2 TL getrockneter Thymian, 4 kleine Tomaten, 200 g Schafskäse

Zubereitung:

Die Auberginen waschen, trockentupfen, dann vom Stielansatz befreien und in Scheiben schneiden. Die Auberginenscheiben mit Salz bestreuen und etwa 10 Minuten ruhen lassen. Die Auberginenscheiben nochmals trockentupfen und in 6 EL Olivenöl in einer großen Pfanne von beiden Seiten anbraten und wieder herausnehmen. Die Knoblauchzehen schälen, durch die Presse in das Bratfett drücken und hellbraun anbraten. Die Auberginenscheiben mit dem Knoblauchöl bepinseln, mit Pfeffer bestreuen und mit Zitronensaft beträufeln. Den Thymian waschen und trockenschwenken, die Blättchen abzupfen. Die Auberginenscheiben mit den Thymianblättchen oder dem zerriebenen, getrockneten Thymian bestreuen, dann in ein hohes Gefäß schichten, mit dem restlichen Olivenöl beträufeln und 2–3 Stunden kühl stellen. Die Tomaten waschen, von den Stielansätzen befreien, mit dem Schafskäse in Scheiben schneiden und mit den marinierten Auberginen auf einer Platte anrichten.

Tip: Dazu passen gut frisches Stangenweißbrot und ein leichter Rotwein.

Gekochter Karottensalat

Zutaten:

400 g gelbe Rüben bzw. Karotten, Salz, 1 Prise Zucker, 1/4 l Wasser; für die Marinade: 1 Zwiebel, 4 EL Sonnenblumenöl, 4 EL Essig, Salz, Pfeffer, Zucker; zum Garnieren: gehackte Petersilie

Zubereitung:

Die gelben Rüben schrappen oder schälen, in gleichmäßige dünne Scheiben schneiden und in Wasser mit je einer Prise Salz und Zucker bißfest garen. In der Zwischenzeit die Zwiebel schälen und feinhacken. Alle Zutaten für die Marinade mischen, mit dem Kochwasser zu den gekochten gelben Rüben geben. Alles vermischen und mehrere Stunden durchziehen lassen. Mit der Petersilie bestreuen.

Kartoffelsalate

Südtiroler Kartoffelsalat

Zutaten:

750 g Kartoffeln, 200 g durchwachsener Speck, 150 g gekochter Schinken, 2 Gewürzgurken, 1/4 l heiße Fleischbrühe aus Würfeln; für die Marinade: 4 EL ÖL, 2 EL Weinessig, Salz, Pfeffer; außerdem: 1/2 Kopf Endiviensalat

Zubereitung:

Kartoffeln unter fließendem Wasser abbürsten. Mit Wasser bedeckt 30 Minuten zugedeckt kochen lassen. In der Zwischenzeit Speck fein würfeln. In einer Pfanne hellbraun braten. Den Schinken vom Fett befreien und würfeln. Die Gewürzgurken würfeln. Gurken- und Schinkenwürfel mit dem ausgelassenen Speckfett und den -grieben mischen. Kartoffeln abgießen. Mit kaltem Wasser abschrecken, sofort schälen. In dünne Scheiben schneiden und dazugeben. Mit heißer Fleischbrühe übergießen. 10 Minuten zugedeckt ziehen lassen. In der Zwischenzeit für die Marinade Öl und Essig in einer Schüssel verrühren. Mit Salz und Pfeffer abschmecken. Über den Salat gießen. Endiviensalat putzen, in kaltem Wasser gründlich waschen, abtropfen lassen, in feine Streifen schneiden. Vorsichtig unter den Salat heben. Sofort servieren.

Bunter Kartoffelsalat

Zutaten:

300 g gekochte, feste Pellkartoffeln, 2 Gewürzgurken, 1 Apfel, 2 Tomaten, 2 Zwiebeln, 2 Paprikaschoten; für die Marinade: 1 hartgekochtes Ei,

1/2 EL Senf, 3 EL Öl, 1 EL Estragon- oder anderer Essig, Salz, Pfeffer, 1/4 TL Zucker; zum Garnieren: 1 hartgekochtes Ei, 1 Tomate, Petersilie, Paprika (edelsüß)

Zubereitung:

Gepellte Kartoffeln, Gurken, geschälten, entkernten Apfel und die gehäuteteten Tomaten in gleichmäßige Würfel schneiden. Zwiebeln schälen. Paprikaschoten waschen und putzen. Beides fein würfeln. Alle Zutaten mischen. Für die Marinade das hartgekochte Ei halbieren. Eigelb herausnehmen, mit einer Gabel zerdrücken. Mit Senf verrühren. Das Eiweiß fein würfeln und zu den anderen Zutaten geben. Öl nach und nach einmischen. Essig, Salz, Pfeffer und Zucker dazugeben. Pikant abschmecken. Zum Salat geben und gut mischen. 30 Minuten ziehen lassen. In einer Schüssel anrichten. Mit Eiachteln, Tomatenscheiben und Petersilie garnieren. Mit Paprika bestreut servieren.

Pariser Kartoffelsalat

Zutaten:

1000 g Pellkartoffeln, Salz, schwarzer Pfeffer,
6 EL herber Weißwein, 4 EL Öl, 2 Bd. Radieschen,
300 g gekochte Pökelzunge (fertig gekauft),
8 EL extrafeine Erbsen (Dose); für die Marinade:
4 EL Mayonnaise, 4 EL saure Sahne, 1 Eigelb

Zubereitung:

Pellkartoffeln schälen und in Scheiben schneiden. Mit Salz und schwarzem Pfeffer bestreuen. Wein und Öl darübergießen. Vorsichtig mischen.

Radieschen waschen und in hauchdünne Scheiben schneiden. Auf die Kartoffeln legen und mit etwas Salz bestreuen. Pökelzunge abtrocknen, enthäuten, zuerst in Scheiben, dann in Streifen schneiden. Zusammen mit den abgetropften Erbsen unter die Kartoffeln mischen. Für die Marinade Mayonnaise mit saurer Sahne und Eigelb verrühren. Über den Salat gießen, vorischtig mischen. 15 Minuten durchziehen lassen.

Einfacher Kartoffelsalat
(für 6 Personen)

Zutaten:

1000 g Salatkartoffeln, 1/8 l heiße Fleischbrühe aus Würfeln; für die Marinade: 3 EL Öl, 4 EL Weinessig, Salz, schwarzer Pfeffer, 1 Prise Zucker, 1 TL Senf; außerdem: 2 Zwiebeln, 1 Bd. Petersilie; zum Garnieren: 1 Bd. Petersilie, 1 hartgekochtes Ei, 1 Tomate

Zubereitung:

Kartoffeln unter fließendem Wasser abbrüsten. In einem Topf mit Wasser bedeckt 30 Minuten kochen, abgießen, abschrecken, abziehen und abkühlen lassen. In dünne Scheiben schneiden und mit heißer Fleischbrühe übergießen. Für die Marinade Öl, Essig, Salz, Pfeffer, Zucker und Senf vermischen. Zwiebeln in feine Würfel schneiden. Petersilie abspülen, hacken. Beides über die Kartoffeln streuen. Mit Marinade begießen, vorsichtig mischen. Salat mindestens 60 Minuten zugedeckt im Kühlschrank ziehen lassen, nachwürzen. Salat mit Petersilie, Ei und Tomate garnieren.

Warmer Kartoffelsalat mit Speck

(für 6 Personen)

Zutaten:

1000 g Salatkartofeln, 6 EL Weinessig, 1/8 l heiße Fleischbrühe, 1 Zwiebel, 125 g durchwachsener Speck, 2 EL Öl, Salz, schwarzer Pfeffer, 1 Prise Zucker, je 1/2 Bd. Petersilie, Dill und Schnittlauch

Zubereitung:

Kartoffeln abbürsten. In einem Topf mit Wasser bedeckt vom Kochen an in 30 Minuten garen. Abgießen, unter kaltem Wasser abschrecken und abziehen. Noch warm in Scheiben schneiden und in heißem Wasserbad warm stellen. Mit Essig und Fleischbrühe begießen. Zwiebel schälen und fein hacken. Über die Kartoffeln streuen. Speck würfeln. Öl erhitzen. Speck darin goldgelb braten. Mit Salz, Pfeffer und Zucker würzen. Die heiße Specksauce über die Kartoffeln geben, vorsichtig mischen. Den Salat dann im heißen Wasserbad 20 Minuten durchziehen lassen. Eventuell nachwürzen. Petersilie, Dill und Schnittlauch feingehackt vor dem Servieren über den Salat streuen.

Frühkartoffel-Cocktail

Zutaten:

400 g in der Schale gekochte Frühkartoffeln, 3 hartgekochte Eier, 1/2 Glas Tomatenpaprika 1 Dose Sellerie, 1 Dose Nordseekrabben; für die Marinade: 4 EL Öl (40 g), 3 EL Essig, Salz, Zucker, Gayennepfeffer, 1/2 Bd. Petersilie; zum Garnieren: 1 EL deutscher Kaviar

Zubereitung:

Kartoffeln und Eier schälen. Kartoffeln in Streifen, Eier in Scheiben schneiden. Tomatenpaprika, Sellerie und Krabben abtropfen lassen. Tomatenpaprika würfeln, Sellerie in Streifen schneiden. Alle Zutaten in einer Schüssel mischen. Für die Marinade Öl, Essig, Salz, Zucker und Cayennepfeffer gut verrühren. Gewaschene, gehackte Petersilie dazugeben. Über den Cocktail gießen. 30 Minuten in den Kühlschrank stellen. Vor dem Servieren mit Kaviar bestreuen.

Indianischer Salat

Zutaten:

500 g Pellkartoffeln, 300 g Tomaten, 1 kleine Dose Ananas, 2 Bananen, Saft von 2 Zitronen; für die Marinade: 3 TL Senf, Saft von 1/2 Zitrone, 2 Becher saure Sahne, Salz, weißer Pfeffer, Paprika (rosenscharf), 1 Prise Zucker; zum Garnieren: 1/2 Kopf Salat, 1 kleine Dose Maiskörner, 2 EL Essig, 3 EL Öl, Salz, weißer Pfeffer

Zubereitung:

Pellkartofeln schälen. In etwa 1 cm dicke Würfel schneiden. Tomaten mit kochendheißem Wasser übergießen, häuten, würfeln. Ananas abtropfen lassen und in Würfel, geschälte Bananen in Scheiben schneiden. Alles in einer Schüssel locker mischen. Zitronensaft darübergießen. Für die Marinade Senf mit Sahne verrühren. Mit Salz, Pfeffer, Paprika und Zucker pikant würzen. Über den Salat geben. Für die Garnierung Salat zerpflücken, unter kaltem Wasser abspülen, trockentupfen. Auf einer Platte verteilen. Maiskörner auf einem Sieb abtropfen lassen. Essig, Öl, Salz und Pfeffer verrühren. Maiskörner dazumichen. In der Mitte der Platte anrichten. 15 Minuten zugedeckt in den Kühlschrank stellen.

Schlesischer Kartoffelsalat

(für 6 Personen)

Zutaten:

2 ausgenommene Salzheringe, 1000 g Salatkartoffeln, 1 säuerlicher Apfel, 2 Gewürzgurken, 1/8 heiße Fleischbrühe aus Würfeln, 4 EL Weinessig, Salz, weißer Pfeffer, 1 Prise Zucker, 100 g durchwachsener Speck, 1 Zwiebel

Zubereitung:

Heringe über Nacht in kaltes Wasser legen, damit das überschüssige Salz ausziehen kann. Kartofeln abbürsten, 30 Minuten kochen, abgießen, abschrecken und abziehen. In Scheiben schneiden. In eine Schüssel geben. Heringsköpfe abschneiden. Haut und Mittelgräte entfernen. Filets unter kaltem Wasser abspülen und trockentupfen. Apfel schälen, vierteln und entkernen. Heringsfilets, Apfel und Gewürzgurken in Streifen schneiden. Zu den Kartoffeln geben. Fleischbrühe darübergießen, erkalten lassen. Weinessig, Salz, Pfeffer und Zucker mischen, über den Salat gießen, vorsichtig mischen. 60 Minuten zugedeckt im Kühlschrank durchziehen lassen. Inzwischen Speck würfeln. Zwiebel schälen und fein hacken. Speck in einer Pfanne auslassen. Zwiebel dazugeben und goldgelb rösten. Vor dem Servieren heiß über den Salat gießen. Schlesischen Kartoffelsalat warm oder kalt servieren.

Backkartoffeln mit Matjes

Zutaten:

4 große mehlige Kartoffeln, 200 g Sahnequark, 2–3 EL Milch, 4 Matjesfilets, 2 kleine Tomaten, je 1/2 Bd. Schnittlauch und Dill

Zubereitung:

Die Kartoffeln waschen, abtrocknen und in Alufolie einwickeln. Backofen auf 200 Grad vorheizen. Kartoffeln hineingeben und etwa 60 Minuten backen. Inzwischen Quark mit Milch glattrühren. Die Matjesfilets in Würfel schneiden, die Tomaten mit kochendem Wasser überbrühen, enthäuten, entkernen und würfeln. Schnittlauch waschen, trockenschütteln und in kleine Röllchen schneiden. Matjes-, Tomatenwürfel und Schnittlauch vorsichtig unter den Quark ziehen. Einige Matjes- und Tomatenwürfel als Garnierung zurücklassen. Die Folienkartoffeln auf einen Teller setzen, öffnen, kreuzförmig einschneiden und etwas auseinanderdrücken. Die Quarkmasse in die geöffneten Kartoffeln verteilen. Mit Matjes- und Tomatenwürfeln bestreuen. Dill waschen, trockenschütteln, zupfen und das Gericht damit verzieren

Kartoffelsalat mit Pilzen

Zutaten:

1 kg Kartoffeln, 1/4 l Brühe, 250 g frische Champignons oder Egerlinge, 150 g geräuchertes Bauchfleisch, etwas Fett; für die Marinade: 4 EL Weinessig, 4 EL Öl, 3 EL feingehackte Zwiebel, 1 EL feingewiegte Petersilie, 1 Prise Salz, Pfeffer

Zubereitung:

Kartoffeln waschen, dämpfen, schälen und in Scheiben schneiden. Dann sofort die heiße Gemüsebrühe darübergießen und 10 Minuten ziehen lassen. Währenddessen die Pilze putzen und feinblättrig schneiden. Den Speck in sehr kleine Würfel schneiden und in etwas Fett knusprig anbraten. Aus den angegebenen Zutaten eine Marinade bereiten und über die Kartoffeln gießen, Champignons und Speck dazugeben und den Salat vorsichtig vermischen. Den Kartoffelsalat fein abschmecken und noch warm servieren.

Tip: Braune Champignons sind aromatischer als ihre weißen Verwandten.

Kartoffelsalat

Zutaten:

400 junge Kartoffeln; für das Dressing: Rotweinessig, Olivenöl, Salz, Pfeffer, 4 Knoblauchzehen, 2 Frühlingszwiebeln, 4 Stengel Petersilie

Zubereitung:

Die Kartoffeln gründlich waschen, garen (sie dürfen aber nicht zu weich sein!) und samt Schale würfeln. Aus Essig, Öl, Salz und Pfeffer ein Salatdressing bereiten. Die Knoblauchzehen, Zwiebeln und die Petersilie hacken und zu der Sauce geben. Die Kartoffeln mit der Salatsauce mischen und den Salat mindestens 2 Stunden ziehen lassen.

Tip: Statt der Kartoffeln kann man 400 g getrocknete weiße Bohnen verwenden. Bohnen am Vortag mit Wasser bedecken und am nächsten Tag in frischem Wasser etwa 30–40 Minuten kochen.

Nudelsalate

Flämischer Nudelsalat

Zutaten:

200 g Bandnudeln, Salz, 2 l Wasser, 200 g gekochter Schinken, 2 Tassen süßsauer eingelegter Kürbis, 1/2 Salatgurke, 2 EL Essig, frisch gemahlener weißer Pfeffer; für die Marinade: 100 g Mayonnaise, 5 EL Sahne, 1 EL Zitronensaft, Salz, weißer Pfeffer, 1 Prise geriebene Muskatnuß, 1 kräftige Prise Ingwer; zum Garnieren: Kresse

Zubereitung:

Nudeln in gesalzenes, kochendes Wasser geben. In 15 Minuten kochen. Auf ein Sieb schütten. Mit kaltem Wasser überbrausen. Inzwischen den gekochten Schinken in Scheiben schneiden. Den Kürbis klein würfeln. Die gewaschene Salatgurke ungeschält in Scheiben schneiden. Diese Zutaten mit Essig und frisch gemahlenem Pfeffer mischen. Nudeln unterheben. 30 Minuten ziehen lassen. Für die Marinade die Mayonnaise mit Sahne und Zitronensaft gut verrühren. Mit Salz, Pfeffer, Muskatnuß und Ingwer würzen. Die Marinade kurz vor dem Servieren darübergießen. Mit gewaschener Kresse garniert servieren.

Dänischer Nudelsalat

Zutaten:

375 g Hörnchennudeln, Salz, 1 Packung tiefgekühlte Erbsen und Möhren, 1 kleine Dose Spargelstücke, 250 g Fleischwurst; für die Marinade: 100 g Mayonnaise, 3 EL Dosenmilch, Pfeffer, Salz, 1 Prise Zucker, 1 EL Kräutersessig, 1 Bd. Petersilie, 1 Bd. Dill; zum Garnieren: Salatblätter

Zubereitung:

Nudeln in leicht gesalzenem Wasser bißfest kochen, abschrecken, abtropfen lassen. Erbsen und Möhren nach Packungsvorschrift garen, abtropfen und auskühlen lassen. Spargelstücke abtropfen lassen. Wenn nötig, vorsichtig schälen. Fleischwurst häuten und in Würfel schneiden. Alles miteinander mischen. Für die Marinade die Mayonnaise mit der Dosenmilch verrühren. Mit Pfeffer, Salz und Zucker würzen. Mit Kräuteressig abschmecken. Petersilie waschen, hacken. Dill waschen, einen Zweig zum Garnieren abnehmen, den Rest hacken. Mit Petersilie unter die Marinade mischen. Marinade über den Salat gießen, mischen, im Kühlschrank ziehen lassen. Kurz vor dem Anrichten nochmals mit Salz und Pfeffer abschmecken. Salatschüsel mit Salatblättern auslegen. Nudelsalat hineingeben. Mit einem Dillzweig garnieren.

Bologneser Nudelsalat

Zutaten:

250 g grüne Nudeln, Salz, 1 rote Paprikaschote, 250 g Schinken, 70 g Salami, 1 große Gewürzgurke; für die Marinade: Saft von 1 Zitrone, 2 EL Öl, Salz, Pfeffer

Zubereitung:

Nudeln in gesalzenes, kochendes Wasser geben, sofort umrühren. In 10 Minuten bißfest kochen. Mit Wasser abschrecken, abkühlen lassen. Paprikaschote waschen, in Streifen schneiden. Schinken, Salami und Gurke auch in Streifen schneiden. Alles miteinander mischen. Aus Zitronensaft, Öl, Salz und Pfeffer eine Marinade rühren. Auf die Nudelmischung geben, unterheben. 2 Stunden ziehen lassen.

Bunter Nudelsalat

Zutaten:

2 l Wasser, Salz, 250 g Hörnchennudeln, 4 hartgekochte Eier, 2 Äpfel, 4 Tomaten, 250 g Fleischwurst, 2 Gewürzgurken; für die Marinade: 1 Becher Joghurt, 50 g Mayonnaise, 3 EL Dosenmilch, Saft von 1 Zitrone, Salz, weißer Pfeffer, 1 Spritzer Worcestersauce, 1 Msp. Paprika (edelsüß); zum Garnieren: 1/2 Bd. Petersilie

Zubereitung:

Wasser mit Salz in einem Topf aufkochen. Nudeln hineingeben. 20 Minuten bei mittlerer Hitze darin garen. In der Zwischenzeit Eier und Äpfel schälen. Eier in Scheiben schneiden. Äpfel in Würfel schneiden. In eine Schüssel geben. Tomaten häuten, achteln und Stengelansätze herausschneiden. Fleischwurst häuten und in Streifen schneiden. Gewürzgurken längs halbieren. In Würfel schneiden. Mit der Fleischwurst und den Tomaten in die Schüssel geben. Nudeln auf einem Sieb mit kaltem Wasser abschrecken. Abtropfen und erkalten lassen. Für die Marinade Joghurt mit Mayonnaise und Dosenmilch in einer Schüssel verquirlen. Mit Zitronensaft, Salz, Pfeffer, Worcestersauce und Paprika würzen. Alle Zutaten in die Marinade geben und vorsichtig mischen. Zugedeckt 20 Minuten kühl stellen. Petersilie abbrausen, mit Haushaltspapier trockentupfen und fein hacken. Mit Petersilie garnieren.

Nudelsalat mit Mais

Zutaten:

2 l Wasser, Salz, 250 g Hörnchennudeln, 200 g Fleischwurst, 170 g Mais (Dose), je 1 grüne und rote Paprikaschote, 2 Tomaten; für die Marinade: 3 EL Öl, 1 EL Essig, Salz, schwarzer Pfeffer, 1 Prise Zucker; zum Garnieren: 1/2 Bd. Petersilie

Zubereitung:

Nudeln in kochendem Salzwasser garkochen. Fleischwurst häuten. Längs halbieren und in Scheiben schneiden. Mais auf einem Sieb abtropfen lassen. Papriksaschoten vierteln, putzen, waschen und in Streifen schneiden. Tomaten häuten, achteln und Stengelansätze herausschneiden. In einer Schüssel mischen. Für die Marinade Öl mit Essig verrühren. Mit Salz, Pfeffer und Zucker würzen. Nudeln auf einem Sieb mit kaltem Wasser abschrecken. Abtropfen und abkühlen lassen. Mit Fleischwurst, Mais, Paprikastreifen und Tomatenachteln in die Marinade geben. Vorsichtig mischen. Zugedeckt 15 Min. kühl stellen. Mit Petersilie garniert servieren.

Nudelsalat »Angelo«

Zutaten:

250 g Hörnchennudeln, 1 großer Apfel, 2 Essiggurken, 150 g Schweinebraten (dünn aufgeschnitten), 1 EL Kapern, milder Weinessig, Olivenöl, Pfeffer und etwas Salz

Zubereitung:

Die Nudeln in 1 l kochendem Salzwasser »kernig« kochen. Nudeln in ein Sieb geben, mit kaltem Wasser übergießen und abtropfen lassen. Apfel schälen, vierteln, entkernen und in dicke Streifen schneiden. Die Essiggurken und das Bratenfleisch in dünne Streifen schneiden. Die vorbereiteten Zutaten mit den Kapern, Essig und Öl vermischen.

Nudelsalat mit Ananas

Zutaten:

300 g gekochte Nudeln Ihrer Wahl (Spaghetti, Makkaroni etc.), 300 g frische, geschälte Ananas, 4 Tomaten; für die Marinade: 5 EL Olivenöl, 5 EL Ananassaft, 1 TL scharfer Senf, Salz, weißer Pfeffer, 1 TL gehackte Basilikumblätter

Zubereitung:

Die gekochten Nudeln in eine größere Schüssel legen. Die geschälte Ananas in kleine Ecken schneiden und untermengen. Die Tomaten waschen und in kleine Würfel schneiden; ebenfalls untermengen. Aus Olivenöl, Ananassaft, Senf, Salz, Pfeffer und Basilikum eine feine Marinade herstellen. Über den Salat gießen, das Ganze vermischen und etwa 1/2 Stunde kalt stellen.

Nudelsalat mit Tomaten und Melisse

Zutaten:

300 g Nudeln, 300 g Tomaten, 4 EL Olivenöl, 2 EL Weinessig, 1 Zwiebel, einige Blätter Melisse, etwas Schnittlauch, weißer Pfeffer, Salz, 1 Prise Zucker, 2 Knoblauchzehen

Zubereitung:

Nudeln in Salzwasser »al dente« kochen. Im Sieb kurz mit kaltem Wasser abbrausen und abkühlen lassen. Tomaten achteln und Stielansätze entfernen. In einer Schüssel Essig, Öl, Weißwein, die kleingeschnittene Zwiebel, die gehackte Melisse, Salz, Zucker, Pfeffer und 2 fein ausgedrückte Knoblauchzehen zu einer Salatsauce verrühren. Die Nudeln und die Tomaten dazugeben, alles gut vermengen und etwa 30 Minuten ziehen lassen. Vor dem Servieren mit Schnittlauch bestreuen und mit Melisse garnieren.

Nudelssalat mit Nashi

Zutaten:

300 g Bandnudeln, Salz, 2 Nashi, 50 g Butter, 2 EL gehackte Nüsse, 1 Prise Zucker, 2 EL gehackte Kräuter (Petersilie, Dill, Kerbel, Schnittlauch), 150 g Sahne, 50 g Gorgonzola, Salz, Pfeffer

Zubereitung:

Die Bandnudeln in gesalzenem Wasser gar kochen, unter kaltem Wasser abschrecken und abtropfen lassen. Die Nashi dünn schälen, der Länge nach halbieren, von den Kernen befreien und in dünne Scheiben schneiden. In heiß schäumender Butter andünsten und dabei die gehackten Nüsse und 1 Prise Zucker einstreuen. Mit Sahne aufgießen, den Käse bröckchenweise einrühren, um ihn aufzulösen. Die abgetropften Nudeln mit dem Pfanneninhalt und den gehackten Kräutern vermengen. Salzen, pfeffern – fertig! Zugedeckt in den Kühlschrank stellen und 1/2 Stunde durchziehen lassen.

Mailänder Salat

Zutaten:

125 g Makkaroni, Salz, 3/4 l Wasser; für das Gemüse: 1 Tasse Wasser, Salz, Zucker, 1 Packung tiefgekühlte Erbsen und Möhren, 125 g Emmentaler Käse; für die Marinade: 50 g Mayonnaise, 1 Becher Joghurt, 1 EL Zitronensaft, Salz, Zucker, Tabascosauce.

Zubereitung:

Makkaroni in gesalzenes, kochendes Wasser geben. In 15 Minuten leicht sprudelnd gar kochen. Auf ein Sieb schütten. Mit kaltem Wasser abschrecken, abkühlen lassen. In etwa 1 cm große Stückchen schneiden. Wasser mit Salz und Zucker aufkochen. Tiefgekühlte Erbsen und Möhren hineingeben. Bei schwacher Hitze 8 Minuten kochen. Auch abtropfen und abkühlen lassen. Inzwischen den Käse in Würfel schneiden. Makkaronistückchen, Gemüse und Käsewürfel mischen. Für die Marinade die Mayonnaise mit Joghurt und Zitronensaft verrühren. Mit Salz, Zucker und einigen Tropfen Tabascosauce abschmecken. Marinade über den Salat gießen, mischen und im Kühlschrank zugedeckt 30 Minuten ziehen lassen.

Reissalate

Reissalat mit Früchten

Zutaten:

1/4 kg fertig gekochter Reis, 1/4 kg Ananas, 2 Orangen, 2 Bananen, 100 g gemischte Weintrauben, 1 EL Mangochutney, Saft von 1/2 Zitrone, 1/8 l Sahne, Curry und Kardamom nach Belieben; zum Garnieren: 1 EL gehackte Nüsse

Zubereitung:

Den gekochten Reis in eine größere Salatschüssel geben. Die Ananas in kleinen Achteln zum Reis schneiden. Sollten Sie Ananas aus der Dose verwenden, können Sie etwas Ananassaft unter die Marinade mischen. Die Orangen sorgfältig schälen, die weiße Innenhaut entfernen. Filets herausschneiden und den Orangenrest ausdrücken und beiseite stellen. Bananen schälen, quer in dünne Scheiben schneiden, mit Zitronensaft beträufeln. Trauben waschen, halbieren und Kerne entfernen. Eine Marinade aus den restlichen Zutaten herstellen und über den Salat gießen. Alles kräftig durchmischen, mit Nüssen bestreuen und kurz ziehen lassen.

Reissalat auf asiatische Art

Zutaten:

1/4 kg gekochter Reis, 50 g getrocknete Mu Err (chinesische Pilze), 1/4 kg Bambussprossen (Dose), 1/4 kg Sojabohnenkeimlinge (Dose), Salz, Pfeffer, 2 EL gehackte Petersilie, 1 Zwiebel, 4 EL Pflanzenöl, 4 EL Sherryessig, nach Geschmack Sojasauce, chinesische Streuwürze, 1 Kopfsalat, 1 Orange

Zubereitung:

Den gekochten, getrockneten Reis in eine Salatschüssel geben. Die Pilze mit kochendem Wasser übergießen und quellen lassen. Bambussprossen, Sojabohnenkeimlinge und die weichen Pilze über einem Sieb gut abtropfen lassen und unter den Reis mischen. (Nach Bedarf die Mu Err halbieren oder achteln.) Die Zwiebel schälen und hacken. In einer Pfanne das Pflanzenöl erhitzen und die Zwiebelwürfel glasig schwitzen. Gehackte Petersilie einstreuen und beiseite ziehen. Den Pfanneninhalt mit den restlichen Zutaten zu einer pikanten Sauce verrühren. Über den Salat gießen, mischen und kurz ziehen lassen. In der Zwischenzeit den Kopfsalat verlesen, waschen und abtropfen lassen. Auf 4 größere Teller (Fleischteller) die Salatblätter zu je einem Nest formen. Die Nester mit Reissalat füllen. Mit geschälten, filetierten Orangenstückchen garnieren.

Longan-Reismischung

Zutaten:

2 Kopfsalatherzen, 300 g gekochter Reis, 50 g Butter, 1 Döschen Safran, 1 Msp. Safranfäden, 200 g frische Longanfrüchte, Rosinen nach Belieben, Salz, Pfeffer

Zubereitung:

Die Kopfsalatherzen halbieren, gründlich waschen und trockenschütteln. Auf 4 Teller jeweils in die Mitte legen. Die Longane schälen, entkernen und das Fruchtfleisch in dünne Streifen schneiden. Die Butter heiß schäumend erhitzen, Safran und Safranfäden einrühren. Den Reis einstreuen und unter Rühren sich gelb verfärben lassen, salzen und pfeffern. Zuletzt die Longanstreifen sowie die Rosinen unterheben, noch ein paarmal durchschwenken und den Pfanneninhalt auf die Salatherzen verteilen. Nach Belieben mit frischen Früchten garnieren, am besten mit Physalis oder Karambole.

Reissalat mit Kumquats

Zutaten:

150 g gekochter Reis, 2 Mandarinen, 100 g Zwergorangen (Kumquats), 1 Chicorée, 100 g gekochter Schinken; für die Sauce: 3 EL Mayonnaise, 1 EL Curryketchup, Saft von 1/2 Mandarine, 1 Spritzer Tabasco, Salz, Pfeffer, 1 Spritzer Weinessig, Rosen- und edelsüßer Paprika, 1 Prise Zucker

Zubereitung:

Den Reis locker in eine Salatschüsel füllen. Die Mandarinen schälen, in Filets schneiden, das restliche Fruchtfleisch zu Saft pressen und darübergießen. Die Zwergorangen gründlich waschen und quer in hauchdünne Scheibchen schneiden. Den Chicorée längs halbieren, zwischen den Blattschichten säubern, den Strunk herausschneiden und quer in dünne Streifen schneiden. Den Schinken klein würfeln. Alle Salatzutaten vermischen. Die Salatsauce aus den obengenannten Zutaten herstellen, je nach Geschmack mild oder pikant würzen und mit dem Salat gründlich vermengen. Zugedeckt im Kühlschrank etwa 20 Minuten ziehen lassen.

Orientalischer Reissalat

Zutaten:

100 g Korinthen, 100 g getrocknete Aprikosen, 200 g gekochter Reis, 1 kleine Ingwerwurzel, Salz, geschrotener Pfeffer, gemahlene Muskatblüte, 1/4 TL gemahlener Koriander, 2 kleine Zwiebeln, 1/8 l Olivenöl, 1 frische Feige

Zubereitung:

Die Korinthen und die Aprikosen in kochend heißem Wasser für etwa 1 Stunde einweichen. Anschließend kräftig ausdrücken und die Aprikosen nach Belieben kleiner schneiden. Mit dem Reis vermengen und den frischen Ingwer dazuraspeln. Mit Salz, Pfeffer, Muskatblüte und Koriander kräftig würzen. Die Zwiebeln schälen, hacken und mit dem Olivenöl verschlagen. Über den Salat gießen und zugedeckt für etwa 1/2 Stunde in den Kühlschrank stellen. Die Feige schälen, in Scheiben schneiden und zum Garnieren verwenden.

Tip: Frisch gebackenes Fladenbrot dazu.

Pikanter Reissalat mit Pilzen

Zutaten:

300 g Langkornreis, 1 Dose Champignons oder andere Dosenpilze, 150 g feinsauer eingelegte Peperoni, 2 EL Essig, 5–6 EL feines Salatöl, feingewiegter Chili, Salz und Pfeffer

Zubereitung:

Den Reis in reichlich kochendem Wasser kochen,

so daß er noch »Biß« hat. Anschließend in ein Sieb geben und mit kaltem Wasser abbrausen. Die Pilze und die Peperoni abtropfen lassen, dann von den Peperoni den Stielansatz entfernen. Beides fein wiegen und mit dem abgekühlten Reis vermengen. Essig und Öl dazugeben und mit Salz, Pfeffer und Chili abschmecken.

Reissalat mit Champignons

Zutaten:

200 g gekochter Reis, 150 g frische Champignons, 150 g gekochter Schinken, 1 rote Paprikaschote, 1–2 Äpfel, 1 Zwiebel, 1–2 süß-saure Gurken, 2 Becher Joghurt, 2 EL Crème fraîche, Saft von 1/2 Zitrone, Salz, Pfeffer, Curry oder Paprika nach Geschmack

Zubereitung:

Zwiebel schälen und mit den Gurken fein hacken. Champignons putzen und in Scheiben schneiden. Paprikaschoten putzen, waschen und stifteln. Äpfel waschen, entkernen und in dünne Schnitze teilen. Den gekochten Schinken klein würfeln. Nun alle vorbereiteten Zutaten vermischen und danach aus Joghurt, Crème fraîche und Zitronensaft eine Marinade bereiten. Diese über den Salat gießen und kräftig würzen. Den Salat vor dem Verzehr ziehen lassen.

Bananen-Reis-Salat

Zutaten:

1 kleine Tasse Patnareis, Salz, 125 g Erbsen,

3 Bananen, 100 g gekochter Schinken, 125 g Sellerie; für die Marinade: 2 EL Quark, 1 Päckchen Mayonnaise, 1 TL Senf, Salz, 1 Prise Zucker, 1 TL Zitronensaft, 1 EL Milch, 1 TL Curry

Zubereitung:

Gewaschenen Reis in kochendes, gesalzenes Wasser geben. 12–15 Minuten sprudelnd kochen lassen. Reis in ein Sieb geben. Mit kaltem Wasser abschrecken, abkühlen lassen. Erbsen in wenig Wasser 8 Minuten garen, abkühlen lassen. Bananen schälen, längs halbieren, in Scheiben schneiden. Schinken in Streifen schneiden. Dann den Sellerie schälen und fein raspeln. Für die Marinade den Quark glattrühren. Mayonnaise und Senf dazugeben. Mit Salz, Zucker und Zitronensaft würzen. Wenn nötig, die Milch hineinrühren. Mit Curry abschmecken. Reis, Erbsen, Bananen, gekochten Schinken und Sellerie mischen. Mayonnaise darübergeben und unterheben.

Reissalat mit Schinken und Käse

Zutaten:

1/2 l Wasser, Salz, 130 g Langkornreis, 2 Äpfel, 1 Zwiebel, 2 grüne Paprikaschoten, 200 g gekochter Schinken, 200 g Gouda oder Edamer Käse, 1 Bd. Petersilie, 2 EL Weinessig, gemahlener weißer Pfeffer, 1 TL Senf, 4 EL Öl; zum Garnieren: 2 Tomaten, 1 hartgekochtes Ei

Zubereitung:

Gewaschenen Reis in kochendes, gesalzenes Wasser geben und 20 Minuten zugedeckt quellen lassen. Auf einem Sieb abtropfen lassen, mit kaltem Wasser abschrecken und abkühlen lassen. Äpfel entkernen. Äpfel und Zwiebel fein würfeln. Paprikaschoten waschen und in feine Streifen schneiden. Schinken und Käse ebenfalls in Streifen schneiden. Petersilie abbrausen und hacken (einige Stengel zum Garnieren zurücklassen). Alles mit dem Reis mischen. Essig mit Salz, Pfeffer, Senf und Öl in einem Schälchen verrühren. Über den Salat gießen. Salat 60 Minuten durchziehen lassen. In eine Glasschüssel füllen. Gewaschene Tomaten und das gschälte Ei in Scheiben schneiden. Salat mit Tomaten, Eischeiben und Petersilie garniert servieren.

Reissalat mit Thunfisch

Zutaten:

200 g Langkornreis, 2 l Wasser, Salz, je 2 grüne und rote Paprikaschoten, 2 Dosen Thunfisch in Öl, 1 Zwiebel, 1 Bd. Petersilie, 4 EL Mayonnaise, 1 EL Zitronensaft, Salz, weißer Pfeffer, Knoblauchpulver, getrockneter, zerriebener Thymian, geriebene Muskatnuß

Zubereitung:

Reis in Salzwasser garkochen. Auf das Küchensieb schütten, mit kaltem Wasser überbrausen und gut abtropfen lassen. Paprikaschoten putzen, waschen und in kurze, dünne Streifen schneiden. Thunfischdosen öffnen. Öl ablaufen lassen. Zwiebel schälen und hacken. Petersilie abbrausen, trockentupfen, hacken. Beides zum Thunfischöl geben, ebenso die Mayonnaise und den Zitronensaft; verrühren. Mit Salz, Pfeffer, Knoblauchpulver, Thymian und Muskatnuß abschmecken. Zugedeckt im Kühlschrank 30 Minuten durchziehen lassen.

Mandarinen-Reis-Salat

Zutaten:

100 g Langkornreis, Salz, 3/4 l Wasser, 2 Gewürzgurken, 1 Dose Mandarin-Orangen, 150 g magerer gekochter Schinken, 4 EL Mandarin-Orangensaft, 2 Tropfen Tabascosauce, je 1 Msp. Paprika (rosenscharf), Curry und Zucker

Zubereitung:

Reis waschen, abtropfen lassen. In kochendes, leicht gesalzenes Wasser streuen. Bei kleiner Hitze 20 Minuten quellen lassen. Gewürzgurken in Würfel schneiden. Mandarin-Orangen auf einem Sieb abtropfen lassen, dann halbieren. Schinken in Würfel schneiden. Reis auf einem Sieb mit kaltem Wasser abschrecken, abkühlen lassen. In einer Schüssel Gurkenwürfel, Mandarin-Orangen und Schinkenwürfel mischen. Mit Mandarin-Orangensaft, Tabascosauce, Paprika, Curry, Salz und Zucker würzen. Reis zugeben und gut mischen. Im Kühlschrank 20 Minuten durchziehen lassen.

Tip: Essen Sie gerne Krabben? Dann versuchen Sie doch folgende Variante: Anstatt des Schinkens mischen Sie gekochte Krabben unter den Salat.

Japanischer Reissalat

Zutaten:

1/2 l Wasser, Salz, 100 g Langkornreis, 25 g getrocknete chinesische Pilze (Mu Err), 1 kleine Dose Sojabohnenkeimlinge, 1 kleine Dose Bambussprossen, 100 g gekochter Schinken, 1 Salatgurke; für die Marinade: 5 EL Öl, 5 EL Zitronensaft, 3 EL japanischer Reiswein oder trockener Sherry, 2 EL Sojasauce, Salz; zum Garnieren: 1 Kopfsalat, 1 Zitrone, Salz; außerdem: 4 EL Reiswein oder Cognac

Zubereitung:

Wasser zum Kochen bringen, salzen. Reis waschen, in das sprudelnd kochende Wasser geben und in 15 Minuten bei schwacher Hitze gar kochen. Auf ein Sieb geben, mit kaltem Wasser abschrecken und gut abtropfen lassen. Pilze zerkleinern, mit kochendem Wasser übergießen. 20 Minuten weichen lassen. Sojabohnenkeimlinge und Bambussprossen abtropfen lassen. Bambussprossen trockentupfen, in Streifen schneiden. Schinken in Streifen schneiden. Gurke waschen, halbieren. Der Länge nach in dünne Scheiben, dann in Streifen schneiden. Pilze abtropfen lassen. Für die Marinade Öl, Zitronensaft, Reiswein oder Sherry, Sojasauce und Salz verrühren. Reis, Sojabohnenkeimlinge, Bambussprossen, Schinken, Gurken und Pilze zugeben. Gut mischen und 30 Minuten zugedeckt im Kühlschrank durchziehen lassen. Für die Garnierung Salat zerpflücken, waschen und trockenschwenken. Salatblätter auf eine Platte legen. Reissalat flach darauf anrichten. Zitrone waschen, abtrocknen. Beide Enden bis zum Fruchtfleisch abschneiden. Zitrone auf den Salat setzen. Obere Schnittfläche mit Salz bestreuen. Reiswein oder Cognac in einem Glas über einer Kerze erwärmen. Über die Zitrone gießen. Anzünden und sofort servieren.

Tip: Anstatt Reiswein kann man Pflaumenschnaps oder Cognac zum Flambieren verwenden.

Marokkanischer Sardinen-Reis-Salat

Zutaten:

150 g Langkornreis, Salz, 3/4 l Wasser, 50 g Erbsen, 2 Dosen Ölsardinen ohne Haut und Gräten, 1 kleine Dose Palmenherzen, 2 Paprikaschoten, 2 Essiggurken; für die Marinade: 3 EL Ölsardinenöl, 3 EL Zitronensaft, Salz, weißer Pfeffer, 1 Prise Zucker, 1 Msp. Paprika (edelsüß), 1 Prise getrockneter Majoran, 1 Msp. Safran

Zubereitung:

Gesalzenes Wasser zum Kochen bringen. Gewaschenen Reis einstreuen. Kurz aufkochen lassen und in 20 Minuten bei kleiner Hitze gar ziehen lassen. Tiefgekühlte Erbsen nach Vorschrift auftauen lassen. In der Zwischenzeit Ölsardinen und Palmenherzen getrennt auf einem Sieb abtropfen lassen. Ölsardinenöl auffangen. Paprikaschoten halbieren, abspülen, trockentupfen und in Streifchen schneiden. Essiggurken fein würfeln. Reis auf einem Sieb mit kaltem Wasser abschrecken, abtropfen und abkühlen lassen. Erbsen auch auf ein Sieb geben. Palmenherzen in dünne Scheiben schneiden. Für die Marinade

Sardinenöl und Zitronensaft mit Salz, Pfeffer, Zucker, Paprika, Majoran und Safran verrühren. Reis, Erbsen, Palmenherzen, Paprikaschoten und Essiggurken hineingeben, mischen. Ölsardinen halbieren und vorsichtig unterheben. Zugedeckt 60 Minuten im Kühlschrank ziehen lassen. Eventuell nochmals nachwürzen und sofort servieren.

Pilzsalate

Champignon-Krabben-Salat

Zutaten:

200 g frische Champignons, 30 g Butter, Salz, Saft von 1/2 Zitrone, 270 g Nordseekrabben (Dose), 2 hartgekochte Eier; für die Marinade: 100 g Mayonnaise, 1 1/2 EL Tomatenketchup, 2 Spritzer Worcestersauce, einige Tropfen Tabascosauce, 1 TL Paprika (edelsüß), 1 TL Zucker, 1 Bd. Dill

Zubereitung:

Die Champignons waschen, putzen und blättrig schneiden. In der heißen Butter in etwas Salz 10–15 Minuten dünsten. Zitronensaft darübergießen. Ein paar Scheiben zum Garnieren zurücklassen. Mit dem abgetropften Krabbenfleisch mischen, abkühlen lassen. 1 hartgekochtes Ei hacken. Zur kalten Champignon-Krabbenmischung geben. Für die Marinade Mayonnaise und Tomatenketchup verrühren. Mit Worcestersauce, Tabascosauce, Paprika und Zucker abschmecken. Dill waschen, hacken und in die Sauce geben. (Einige Spitzen zum Garnieren zurücklassen.). Sauce über den Salat gießen, gut mischen. 20 Minuten im Kühlschrank durchziehen lassen. In ein großes oder 4 kleine Gläser füllen. Das zweite Ei in Scheiben schneiden. Salat damit und mit Champignonscheiben und Dillspitzen garnieren.

Champignonsalat fein

Zutaten:

250 g frische Champignons, 1 EL Öl, Salz, 125 g gekochter Schinken ohne Fett; für die Marina-

de: 1 hartgekochtes Ei, 1 kleine Zwiebel, 2 EL Kräuteressig, 6 EL Öl, 2 Msp. Fleischexakt in 2 EL Wasser aufgelöst, 1 Prise Zucker, 1 Msp. Cayennepfeffer; zum Garnieren: Petersilie

Zubereitung:

Champignons putzen, waschen und abtrocknen. Öl erhitzen. Champignons 6 Minuten darin dünsten. Leicht salzen und abkühlen lassen. Schinken würfeln. Für die Marinade das Ei hacken, Zwiebel schälen und reiben. Mit Essig, Öl und den Gewürzen mischen. Champignons und Schinken in eine Schüssel schichten. Marinade darübergeben. 30 Minuten im Kühlschrank ziehen lassen. Vor dem Anrichten mit Petersilie garnieren.

Gemischter Pilzsalat

Zutaten:

500 g Pfifferlinge (Dose), 1 Zwiebel, 4 Tomaten, 200 g gekochter Schinken, 250 g frische Champignons, Saft von 2 Zitronen, 2 EL Öl, Salz, schwarzer Pfeffer, 1 Prise Glutamat, 1 Becher saure Sahne, 1/2 Bd. Petersilie

Zubereitung:

Pfifferlinge auf einem Sieb gut abtropfen lassen. Pilze kleinschneiden. Zwiebel schälen und hacken. Tomaten waschen, häuten, achteln. Schinken in feine Streifen schneiden. Champignons putzen, waschen, in Scheiben schneiden und mit Zitronensaft beträufeln. Alle Zutaten mischen. Für die Marinade das Öl mit dem restlichen Zitronensaft schaumig rühren. Mit Salz,

Pfeffer und Glutamat abschmecken. Petersilie abspülen, trockentupfen und fein hacken. Mit saurer Sahne in die Marinade geben. Über die übrigen Salatzutaten gießen. 60 Minuten zugedeckt im Kühlschrank ziehen lassen.

Pfifferlingsalat

Zutaten:

1 Dose Pfifferlinge, 200 g Wildbraten, 80 g mittelalter Gouda, 1 Zwiebel; für die Marinade: 3 EL Mayonnaise, 3 EL Joghurt, 1 Msp. Senf, Saft von 1/2 Zitrone, Salz, Pfeffer, 1 Prise Zucker, je 1 Spritzer Madeira und Worcestersauce; zum Garnieren: 1/2 Kopfsalat, 1/4 Bd. Petersilie, 1 hartgekochtes Ei, Saft von 1/2 Zitrone

Zubereitung:

Pfifferlinge mit kaltem Wasser abspülen, abtropfen lassen. Große Pilze halbieren. Wildbraten in Streifen schneiden. Den Gouda ebenfalls. Zwiebel schälen, in hauchdünne Streifen schneiden. Alles in eine Schale geben. Für die Marinade Mayonnaise und Joghurt, Senf und Zitronensaft verrühren. Mit Salz, Pfeffer, Zucker, Madeira und Worcetersauce pikant abschmecken. Über den Salat gießen, mischen und zugedeckt 30 Minuten im Kühlschrank marinieren. In der Zwischenzeit Salat verlesen. Mit der Petersilie unter kaltem Wasser abspülen, trockenschwenken. Ei schälen, in Scheiben schneiden. Mit den Salatblättern eine Platte belegen. Mit Zitronensaft beträufeln, den Pfifferlingsalat daraufgeben. Mit zerpflückter Petersilie und Eischeiben garniert servieren.

Schneller Pilzsalat

Zutaten:

1 Glas eingelegte Mischpilze (etwa 300 g Abtropfgewicht), 150 g geräucherter Bauchspeck, 1 Bd. Petersilie, 2 große rote Zwiebeln, 3 EL Olivenöl, 4–5 EL italienischer Weinessig (rot), 1 TL Balsamico-Essig, Salz, Pfeffer

Zubereitung:

Pilze in ein Sieb geben, abbrausen und gut abtropfen lassen. Petersilie waschen und grob zerhacken. Bauchspeck in Würfel schneiden und in einer Pfanne ausbraten. Die Zwiebeln abziehen und in dünne Ringe schneiden. Die vorbereiteten Zutaten mit Essig und Öl vermischen und anschließend mit Salz und Pfeffer pikant abschmecken.

Tip: Dazu schmecken frisches Brot und Chiantiwein besonders gut.

Pfifferlingsalat mit Trüffeln

Zutaten:

400 g Pfifferlinge, 2 EL Rotweinessig, 4 EL Olivenöl, 1 TL grob gestoßener schwarzer Pfeffer, 1 Prise Salz, 1 kleine weiße Trüffel, 40 g Parmesan

Zubereitung:

Pfifferlinge säubern, trockentupfen und den Bodenteil entfernen. Die größeren Pilze halbieren, die kleineren in ihrer Größe belassen. Portions-

weise auf 4 Teller auslegen. Aus Essig, Öl, Pfeffer und Salz eine Salatsauce bereiten. Gleichmäßig auf den Pilzen verteilen. Trüffel und Käse darüber hobeln und das Ganze noch etwas ziehen lassen.
Dazu einen kräftigen Barolo Rotwein und getoastete Brotdreiecke servieren.

Austernpilzsalat

Zutaten:

500 g Austernpilze, 5 EL Öl, 1 kleine Zwiebel, Salz, 100 g Feldsalat, 2 kleine Radicchioköpfe, 1 Bd. Kräuter der Saison, 2 Knoblauchzehen, 3 EL Sherryessig, 1 TL Pfeffer

Zubereitung:

Die Austernpilze gründlich putzen, jedoch nicht waschen. In einem trockenen Küchentuch abreiben. Größere Pilze halbieren oder vierteln, kleinere ganz lassen. Das Öl in einer großen Pfanne erhitzen und die Pilze darin unter Rühren 10 Minuten braten. Nach 5 Minuten die geschälte, feingehackte Zwiebel zufügen. Die Pilze salzen und abkühlen lassen. In der Zwischenzeit Feldsalat und Radiccio putzen, Radicchioblätter ablösen und zusammen mit dem Feldsalat waschen, alles gründlich abtropfen lassen. Die Kräuter fein hacken. Pilze, Salatblätter und Kräuter in einer Schüssel mischen. Die Knoblauchzehen schälen und durch die Presse über den Salat drücken. Den Salat mit Essig beträufeln, mit etwas Salz und Pfeffer bestreuen. 10 Minuten ziehen lassen. Sofort servieren.

Champignonsalat mit Mandeln

Zutaten:

400 g frische Champignons, Saft von 1/2 Zitrone, 3 EL Mandelblättchen, 1 EL feingewiegte Petersilie; für die Sauce: 4 EL Salatmayonnaise, 2 EL Cognac, 1 Prise Salz, 1/2 TL gemahlener Pfeffer, 4 große Blätter Kopfsalat zum Anrichten

Zubereitung:

Champignons putzen, in Blättchen schneiden und mit Zitronenschaft vermischen. Kopfsalat waschen und auf 4 Tellern anrichten. Pilze mit Mandelblättchen und Petersilie vermengen und auf die Salatblätter verteilen. Nun die Marinade zubereiten und über die Pilzmischung verteilen.

Champignonsalat mit Oliven

Zutaten:

300 g frische Champignons, 15 mit Knoblauch gefüllte grüne Oliven, Saft von 1 Zitrone, 2 Knoblauchzehen, 3 EL italienischer Rotweinessig, 6 EL Olivenöl, etwas frisch gehackte Petersilie, Salz, weißer Pfeffer

Zubereitung:

Champignons putzen, feinblättrig schneiden und sofort mit Zitronensaft beträufeln, damit sie nicht dunkel werden. Aus Essig, Öl, Petersilie und Gewürzen eine Marinade bereiten. Knoblauchzehen schälen, durch die Presse drücken und in die Marinade rühren. Anschließend die Champignons und Oliven hinzugeben und vermischen.

Pilzsalat mit Mandarinen

Zutaten:

100 g frische Champignons, 3 Mandarinen oder 1 mittelgroße Dose Mandarinenspalten, Saft von 1 Zitrone, 1 EL Öl zum Braten, 1 EL Öl für den Salat, weißer Pfeffer, 4 Blätter Kopfsalat

Zubereitung:

Die Pilze putzen und in nicht zu dünne Scheiben schneiden. Die Mandarinen schälen, in Spalten teilen und die weiße Haut entfernen. Nun die Pilze in heißem Öl unter ständigem Rühren 2 Minuten braten, dann sofort zum Abtropfen in ein Sieb geben und mit Zitronensaft beträufeln. Die Pilze und Mandarinenspalten vermischen. Die Salatblätter waschen und auf 4 Teller verteilen, in die Mitte der Salatblätter die Pilz-Mandarinen-Mischung verteilen und etwas Öl darüberträufeln. Zum Schluß mit weißem Pfeffer bestreuen.

Tip: Geröstetes Weißbrot dazu reichen.

Eiersalate

Eier-Spargel-Salat

Zutaten:

6 Eier, 250 g Spargelstücke (Dose); für die Marinade: 100 g Mayonnaise, 1 TL scharfer Senf, 2 EL saure Sahne, weißer Pfeffer, Salz, Zucker, 1 Bd. Petersilie

Zubereitung:

Eier 10 Minuten kochen, abschrecken, schälen. 1 Ei vierteln. Restliche Eier in Scheiben schneiden. Spargel abtropfen lassen. Eischeiben und Spargelstücke in eine Glasschüssel schichten. Für die Marinade Mayonnaise mit Senf und saurer Sahne glattrühren. Mit Pfeffer, Salz und Zucker pikant würzen. Petersilie waschen, abtrocknen. Einige Sträußchen zurückbehalten. Restliche Petersilie fein hacken. In die Marinade geben. Marinade über Eischeiben und Spargelstücke gießen, vorsichtig mischen. 15 Minuten kühl stellen. Mit Spargelköpfen, Eivierteln und Petersiliensträußchen garnieren.

Eiersalat japanische Art

Zutaten:

200 g Thunfisch (Dose), 1 Dose Mandarinen, 4 hartgekochte Eier, 50 g gefüllte Oliven; für die Marinade: 2 EL Öl, knapp 2 EL Zitornensaft, 2 EL Sojasauce, Salz, Pfeffer, 1 Prise Zucker; zum Garnieren: 1/2 Bd. Petersilie

Zubereitung:

Thunfisch abtropfen lassen, etwas zerpflücken. Mandarinen und Oliven auch abtropfen lassen.

Eier schälen, in Scheiben schneiden, Oliven auch. Alles leicht mischen. Für die Marinade Öl mit Zitronensaft, der Sojasauce, Salz, Pfeffer und Zucker verrühren, über den Salat gießen, durchziehen lassen. In 4 Gläser verteilen, garnieren.

Eier-Cocktail

Zutaten:

8 hartgekochte Eier, 70 g Nordseekrabben (Dose), 1/4 l Sahne, 1 EL scharfer Senf, je 1 Prise Salz, Pfeffer und Zucker, einige Salatblätter, 2–3 Cornichons, 1/4 Bd. Petersilie

Zubereitung:

Eier schälen, in Scheiben schneiden. Die Krabben abtropfen lassen und pürieren. Einige Krabben zum Garnieren zurücklassen. Sahne leicht schlagen, Krabbenmasse daruntergeben, mit Senf, Salz, Pfeffer und Zucker pikant abschmecken. Salatblätter waschen, abtropfen lassen. 4 Gläser damit auslegen. Salatsauce vorsichtig unter die Eischeiben heben und den Eier-Cocktail in die Gläser verteilen. Mit den zurückgelassenen Krabben, in Scheiben geschnittenen Cornichons und gewaschenen, trockengetupften Petersiliensträußchen garnieren.

Frühlings-Rührei mit geräuchertem Lachs

Zutaten:

10 Eier, 5 EL Milch, Salz, frisch gemahlener weißer Pfeffer, 1 Bd. Schnittlauch, 40 g Butter,

1 Zwiebel, 4 große Scheiben Räucherlachs, 2 TL Kapern, 1 Zitrone

Zubereitung:

Die Eier mit der Milch verquirlen und mit Salz und Pfeffer würzen. Den Schnittlauch waschen, trockenschütteln, in Ringe schneiden und unter die Eiermasse rühren. Die Butter in einer großen Pfanne aufschäumen lassen, die Eiermasse hinzugeben und unter ständigem Rühren stocken lassen. Zwiebel schälen und in Ringe schneiden. Das fertige Rührei auf vorgewärmten Tellern anrichten und die Räucherlachsscheiben darüberlegen. Mit den Zwiebelringen und den Kapern bestreuen. Mit Zitronenachteln garnieren.

Eiersalat mit Knoblauchdressing

Zutaten:

6 Knoblauchzehen, 1/4 l Wasser, 8 Anchovis in Öl, 6 EL Olivenöl, 2 EL Essig, 1 EL Kapern, Tabasco, Salz, Pfeffer, 4 Eier, 1 kleiner Kopfsalat

Zubereitung:

Den ungeschälten Knoblauch 15 Minuten in Wasser weich kochen, dann schälen und zu einer Paste zerdrücken. Anchovis hacken und in einer Schüssel mit dem Knoblauch und den übrigen Zutaten vermischen (bis auf die hartgekochten Eier). Die Eier vierteln. Den Salat in einzelne Blätter zerpflücken und auf einer flachen Schüssel anrichten. Darauf die Eier setzen und das Dressing darübergießen.
Dazu paßt ein trockener Weißwein.

Eiersalat dänisch

Zutaten:

200 g tiefgekühlte Erbsen, 70 Krabben (Dose), 6 hartgekochte Eier, 100 g Räucherlachs; für die Marinade: 50 g Mayonnaise, 1/8 l saure Sahne, Salz, Pfeffer, 1 Prise Zucker, Saft von 1/4 Zitrone, 1/2 Bd. Petersilie; zum Garnieren: 1 Tomate, Petersilie

Zubereitung:

Tiefgekühlte Erbsen nach Packungsaufschrift kochen, abkühlen und abtropfen lassen. Krabben ebenfalls abtropfen lassen. Eier schälen, in Scheiben schneiden. Räucherlachs in Streifen schneiden. Alle Zutaten vorsichtig mischen. Für die Marinade Mayonnaise und saure Sahne verrühren. Schlagen, bis die Masse locker und leicht schaumig ist. Mit Salz, Pfeffer, Zucker und Zitronensaft abschmecken. Gewaschene, abgetropfte Petersilie hacken, in die Sauce geben. Über die Salatzutaten verteilen, locker unterheben. Etwa 10–15 Minuten im Kühlschrank durchziehen lassen. Tomate häuten, in Sechstel oder Achtel schneiden.

Salat damit und mit wenig Petersilie garnieren.

Bunter Eiersalat

Zutaten:

4 hartgekochte Eier, 250 g Tomaten, 2 grüne Paprikaschoten, 2 große Zwiebeln, 100 g schwarze Oliven; für die Marinade: 2 EL Öl, 2 EL Essig, 1 TL Senf, Salz, Pfeffer, Zucker

Zubereitung:

Eier schälen in Scheiben schneiden. Enthäutete Tomaten vierteln. Grünen Stengelansatz herausschneiden. Paprikaschoten waschen, in dünne Streifen schneiden. Zwiebeln schälen, würfeln. Oliven entsteinen; alles mischen. Für die Marinade Öl, Essig und Senf verrühren. Mit Salz, Pfeffer und Zucker pikant abschmecken. Über den Eiersalat gießen. 25 Minuten zugedeckt im Kühlschrank ziehen lassen.

Eiersalat Amsterdam

Zutaten:

4 hartgekochte Eier, 2 Sardellenfilets, 1 Gewürzgurke; für die Marinade: 125 g Mayonnaise, 4 EL Dosenmilch, 1 1/2 TL Senf, Salz, Pfeffer, 1 Prise Zucker, Saft von 1/4 Zitrone; zum Garnieren: 1 hartgekochtes Ei, 1 Tomate, 1 Sardellenfilet, 50 g marinierter Tomatenpaprika, 2 EL Kapern, 1 kleine Gewürzgurke

Zubereitung:

Eier schälen, in Scheiben schneiden. Sardellenfilets und Gurke würfeln. In einer Schüssel anrichten. Für die Marinade Mayonnaise mit Dosenmilch und Senf verrühren. Mit Salz, Pfeffer, Zucker und Zitronensaft pikant abschmecken. Über den Salat gießen. Für die Garnierung geschältes Ei und Tomate in Scheiben schneiden. Abwechselnd auf den Salat legen. Sardellenfilet und abgetropften Tomatenpaprika in Streifen schneiden. Mit den Kapern über den Salat streuen. Gewürzgurke fein hacken. Kleine Häufchen auf die Tomatenscheiben setzen.

Fleisch- und Wurstsalate

Brüsseler Salat

Zutaten:

100 g kalter Kalbsbraten, 50 g geräucherter Seelachs, 2 Stangen Chicorée, 5 grobgehackte Walnüsse, 1/8 l Sahne, Saft und abgeriebene Schale von 1 Zitrone, Salz, weißer Pfeffer; zum Garnieren: hartgekochte Eier, 3 gefüllte Oliven

Zubereitung:

Kalbsbraten, Seelachs und gewaschenen Chicorée in feine Streifen schneiden. Mit den grobgehackten Walnüssen mischen. Sahne steif schlagen. Zitronensaft und die abgeriebene Zitronenschale unterheben. Leicht salzen und pfeffern. Über den Salat gießen, mischen. Eier und Oliven in Scheiben schneiden. Salat damit garnieren.

Wurstsalat ungarisch

Zutaten:

400 g Salami, 2 säuerliche Äpfel, 4 Tomaten, 1 grüne Paprikaschote, 2 EL eingelegte, rote Paprikaschoten (Glas); für die Marinade: 3 EL Mayonnaise, 3 EL saure Sahne, 1 EL Paprika (edelsüß), 1 kleine Zwiebel, Salz; zum Garnieren: 2 hartgekochte Eier, 8 Sardellenfilets

Zubereitung:

Salami häuten, in Streifen schneiden. Äpfel schälen, würfeln. Tomaten häuten, achteln. Paprikaschote halbieren, waschen und würfeln. Paprikastreifen abtropfen lassen und auch würfeln. Alles in einer Schüssel mischen. Für die Marinade Mayonnaise mit saurer Sahne und Paprika verrühren. Zwiebel hineinreiben. Mit Salz abschmecken. Marinade über den Salat gießen, mischen. Zum Garnieren die Eier schälen und vierteln. Als Kranz auf den Salat setzen. Sardellenfilets abtropfen lassen und zusammenrollen. Auf jedes Eiviertel 2 Sardellenfilets setzen.

Badischer Fleischsalat

Zutaten:

125 g Fleischwurst, 1 Gewürzgurke, 1 Zwiebel, 1 Apfel, 2 Tomaten, 2 gekochte Möhren, 2 hartgekochte Eier, 100 g Mayonnaise, 2 EL Sahne, Salz, Pfeffer, Paprika, etwas Senf, etwas abgeriebener Meerrettich, 1/2 Bd. Schnittlauch; zum Garnieren: 1 kleines Sträußchen Petersilie

Zubereitung:

Fleischwurst und Tomaten häuten. Gurke, Zwiebel und Apfel waschen, schälen und mit dem Möhren in feine Streifen schneiden. Eier pellen. Zwei Achtel zum Garnieren zurücklassen. Eiweiß hacken. Mit den übrigen Zutaten gut mischen. Eigelb durch ein Sieb drücken. Mit Mayonnaise, Sahne und Gewürzen verrühren. Über den Salat geben und vorsichtig mischen. Schnittlauch waschen, kleinschneiden und dazugeben. Zugedeckt im Kühlschrank gut durchziehen lassen. Mit 2 Eiachteln und Petersilie garnieren.

Bayerischer Wurstsalat

Zutaten:

250 g Fleischwurst, 200 g Zwiebeln, 200 g Toma-

ten; für die Marinade: 5 EL Öl, Salz, 1 EL Senf, 4 EL Essig, Pfeffer; zum Garnieren: 1/2 Bd. Petersilie, Tomatenscheiben

Zubereitung:

Fleischwurst häuten, längs halbieren und in feine Streifen schneiden. Zwiebeln schälen. In feine Ringe schneiden. Tomaten abziehen, grünen Stengelansatz herausschneiden und in Scheiben schneiden. Alle Zutaten miteinander mischen. Marinade aus Öl, Salz, Senf, Essig und 5 EL Wasser rühren. Mit frisch gemahlenem Pfeffer abschmecken. Salat in den Kühlschrank stellen. Zugedeckt gut durchziehen lassen. Vor dem Servieren nochmals abschmecken.

Sauerkraut-Schinken-Salat

Zutaten:

350 g Sauerkraut, 250 g gekochter Schinken, 150 g blaue Weintrauben; für die Marinade: 1 großer Becher saure Sahne, Salz, weißer Pfeffer, Zucker

Zubereitung:

Sauerkraut abtropfen lassen, grob hacken. Fettrand vom Schinken abschneiden. Schinken in Streifen schneiden. Weintrauben waschen und abtopfen lassen. Beeren von den Stielen zupfen, halbieren und entkernen. Alles in eine Schüssel geben. Für die Marinade saure Sahne schaumig rühren. Mit Salz, Pfeffer und Zucker abschmecken. Über den Salat gießen, gut mischen. 10 Minuten durchziehen lassen.

Hasensalat mit grüner Pfeffersauce

Zutaten:

400 g Tomaten, 4 Schalotten, 2 Hasenfilets, Pfeffer, 4 Wacholderbeeren, 3 TL Butter, 1/2 Becher süße Sahne, 1 Becher Joghurt, 3 EL Rotweinessig, 2 TL Kräutersenf, 3 TL grüner Pfeffer, 2 TL Portwein, Salz, 3 kleine Knoblauchzehen

Zubereitung:

Die Tomaten blanchieren, kalt abschrecken, häuten und würfeln. Die Schalotten schälen und in Scheiben schneiden. Die Knoblauchzehen schälen und zerdrücken. Die Hasenfilets mit Salz und Pfeffer einreiben, die Wacholderbeeren zerdrücken und mit dem Butter in einer Pfanne anschwitzen. Wenn die Butter aufschäumt, die Hasenfilets hineinlegen und rundum etwa 4 Minuten braten, so daß sie innen noch leicht rosa bleiben, dann herausnehmen und warm stellen. Die Pfanne mit der Sahne ablöschen, den Satz losschaben und durch ein Sieb abgießen. Den aufgefangenen Bratfond mit Joghurt, Essig, Senf, Pfeffer und Portwein aufschlagen, mit Salz und Knoblauch abschmecken. Die Hasenfilets in dünne Scheiben schneiden, auf 4 Tellern anrichten, mit Tomatenwürfeln und Schalotten bestreuen und mit der Sauce übergießen.

Fleischsalat pikant

Zutaten:

400 g Schweinebraten am Stück (fertig gekauft), 1 Dose Mandarinen, 2 Scheiben Ananas (Dose), 500 g Tomaten, 4 Essiggurken, 1 kleines Glas ge-

füllte Oliven, 40 g Haselnuskerne; für die Marinade: 1 Becher Joghurt, Salz, weißer Pfeffer, 2 TL scharfer Senf, 1 Prise Zucker, 3 EL Öl, 1 Prise Knoblauchpulver, 4 EL Weinessig; zum Garnieren: 1/2 Bd. Petersilie, 1 hartgekochtes Ei

Zubereitung:

Schweinebraten, abgetropfte Mandarinen und Ananasscheiben, gehäutete Tomaten und Essiggurken würfeln. Oliven in Scheiben schneiden (einige zum Garnieren zurücklassen). Haselnußkerne hacken. Diese Zutaten miteinander mischen. Für die Marinade Joghurt sahnig rühren. Mit Salz, Pfeffer und Senf kräftig würzen. 1 Prise Zucker zugeben. Öl einschlagen. Mit Knoblauchpulver bestäuben, Essig hineinrühren und pikant abschmecken. Mit den Zutaten mischen. 20 Minuten durchziehen lassen. Nochmals abschmecken und den Salat anrichten. Petersilie waschen, trockentupfen. Hartgekochtes Ei fein hacken. Salat mit Oliven und Petersilie garnieren. Gehacktes Ei darüberstreuen und servieren.

Ananassalat Colmar

Zutaten:

1 frische Ananas, 200 g Kasseler, 1 Apfel, 150 g rohes Sauerkraut; für die Marinade: 3 EL Mayonnaise, 2 EL Sahne, Saft von 1 Zitrone, 1 kleines Sträußchen Dill, je 1 Prise Rosmarin, Zucker und Salz

Zubereitung:

Ananas längs halbieren. Fruchtfleisch herausheben, würfeln. Holzige Teile wegwefen. Kasseler ebenfalls würfeln. Ungeschälten Apfel entkernen, in Scheibchen schneiden. Sauerkraut auseinanderzupfen. Mit den übrigen Zutaten mischen. Aus Mayonnaise, Sahne, Zitronensaft, gehacktem Dill, Rosmarin, Zucker und eventuell etwas Salz eine Marinade rühren. Salatmischung in die Ananas füllen. Mit der Marinade übergießen. 30 Minuten kalt stellen, servieren.

Schinken-Fenchel-Salat

Zutaten:

6 kleine Fenchelknollen, 1/2 Tasse Weinessig, 1 TL Salz, 1 Msp. Knoblauchsalz, weißer Pfeffer, 5 EL Olivenöl, 100 g gekochter Schinken, 2 säuerliche Äpfel, 1 kleine Dose Mandarinen

Zubereitung:

Die Fenchelknollen putzen. In dicke Scheiben schneiden und würfeln. Weinessig darüber verteilen. Mit Salz, Knoblauchsalz und Pfeffer stark würzen. Öl darübergießen, mischen. Schinken in Streifen schneiden. Auf den Fenchel streuen. Die geschälten, in dünne Scheiben geschnittenen Äpfel und die abgetropften Mandarinen daraufgeben. Servieren und am Tisch mischen.

Tip: Fenchelgrün zum Garnieren verwenden.

Wurstsalat mit Apfel

Zutaten:

1 Zwiebel, 2 Äpfel, 150 g Dauerwurst, 1 große Essiggurke; für die Sauce: 1 EL Essig, 2 EL Öl, Salz, Pfeffer, 1 Prise Zucker

Zubereitung:

Zwiebel schälen. In feine Ringe schneiden. Äpfel schälen und würfeln. Dauerwurst und Essigurke würfeln, alles mischen . Für die Salatsauce Essig und Öl mischen. Salz und Pfeffer dazugeben. Mit Zucker abschmecken. Über den Salat gießen, gut umrühren. 20 Minuten ziehen lassen.

Wurstsalat

Zutaten:

350 g Fleischwurst, 2 Zwiebeln, 2 Gewürzgurken, 50 g eingelegte, rote Paprikaschoten (Glas); für die Marinade: 2 EL Essig, 4 EL, Öl, Salz, weißer Pfeffer, 1 Prise Zucker, 1 Msp. scharfer Senf

Zubereitung:

Wurst häuten und in Scheiben, dann in schmale Streifen schneiden. Zwiebeln schälen, entweder würfeln oder auch in Streifen schneiden. Gewürzgurken ebenfalls in Streifen schneiden. Paprikaschoten abtropfen lassen, in Streifen schneiden oder würfeln. Alles in einer Schüssel mischen. Für die Marinade Essig und Öl in einer Schale mischen. Mit Salz, Pfeffer, Zucker und Senf pikant würzen. Über den Salat gießen. Zugedeckt 30 Minuten durchziehen lassen. Wurstsalat auf einer Platte bergartig anrichten. Mit der Öl-Zitronensaftmischung übergießen.

Schweizer Wurstsalat

Zutaten:

1 Rezept Wurstsalat, 150 g Emmentaler

Zubereitung:

Wurstsalat zubereiten wie im Rezept angegeben. Emmentaler in feine Streifen schneiden. Unter den Salat heben.

Wildsalat

Zutaten:

Für den Salat: 350 g gebratenes Wildfleisch, je 100 g Senfgurke und eingelegte Tomatenpaprika; für die Marinade: 50 g Mayonnaise, 60 g saure Sahne, 1 TL Chilisauce, 1 TL Senf, Salz, Pfeffer, 1 Prise Zucker; zum Garnieren: 4 Kopfsalatblätter, Saft von 1/2 Zitrone, 10 paprikagefüllte Oliven

Zubereitung:

Wildfleisch in kleine Würfel schneiden. Senfgurke und Tomatenpaprika auf einem Sieb abtropfen lassen. Fein würfeln und mit dem Wildfleisch mischen. Für die Marinade Mayonnaise mit saurer Sahne, Chilisauce und Senf verrühren. Mit Salz, Pfeffer und Zucker pikant abschmecken. Über den Salat gießen. Zugedeckt im Kühlschrank 30 Minuten marinieren, mischen und eventuell nachwürzen. Salatblätter putzen, abspülen und abtropfen lassen. 1 Schüssel damit auslegen. Mit Zitronensaft beträufeln. Salat einfüllen. Mit halbierten Oliven garniert servieren.

Rindfleischsalat

Zutaten:

300 g gebratenes kaltes Roastbeef, 1 grüne Paprikaschote, 1 kleine Dose Maiskörner, 2 Ge-

würzgurken, 2 Zwiebeln; für die Marinade: 4 EL Öl, 2 EL Essig, 2 EL Chilisauce, Salz; zum Garnieren: 1 hartgekochtes Ei, 2 Stengel Petersilie

Zubereitung:

Roastbeef in Würfel schneiden. In eine Schüssel geben. Paprikaschote halbieren, waschen, abtropfen lassen und in Streifen schneiden. Maiskörner auf einem Sieb abtropfen lassen. Abgetropfte Gewürzegurken würfeln. Zwiebeln schälen und hacken. Das Gemüse zum Fleisch geben und locker mischen. Für die Marinade Öl mit Essig und Chilisauce verrühren, salzen. Über den Salat gießen und unterheben. Zugedeckt 120 Minuten im Kühlschrank durchziehen lassen. Danach nochmals mischen, abschmecken. In einer Glasschüssel oder auf einer Platte anrichten. Ei schälen und achteln. Gewaschene Petersilie in Sträußchen teilen. Salat damit garniert servieren.

Geflügelsalate

Geflügelsalat

Zutaten:

1 gegrilltes Hähnchen, 2 rote Zwiebeln, 1 Babaco; für die Sauce: 50 g Mayonnaise, 1 EL Tomatenketchup, 3 cl Weinbrand, Worcestersauce, Saft von 1/2 Limette, Salz, Pfeffer, 1 Schuß Orangensaft; zum Garnieren: 1 Kästchen Kresse

Zubereitung:

Das Hähnchen entbeinen und das Fleisch (mit Haut) in dünne Streifen schneiden. Die Zwiebeln schälen, halbieren und ebenfalls in Streifen schneiden. Die Babaco waschen, trockenreiben, der Länge nach vierteln und quer in Scheiben schneiden. Die vorbereiteten Zutaten in einer Schüssel locker vermengen. Für die Sauce: Die Mayonnaise mit Tomatenketchup und Weinbrand verrühren sowie mit den restlichen Zutaten fein würzig abschmecken. Über den Salat gießen und gut vermischen. Die Kresse aus dem Kästchen schneiden, waschen, trockenschütteln und als Garnierung obenauf verteilen.

Tip: Mit Toast und herbem Weißwein servieren.

Hühnchensalat

Zutaten:

300 g gekochtes Hühnerfleisch ohne Knochen, 4 Scheiben Ananas mit Saft (Dose), 4 Papayas, 200 frische Champignons; für die Sauce: 150 g saure Sahne, 1 EL Crème fraîche, Saft von 1/2 Zitrone, Salz, Pfeffer, Currypulver, 1 Prise Zucker

Zubereitung:

Das Hühnchenfleisch in kleine Würfel schneiden. Die Ananasscheiben achteln und den Saft beiseite stellen. Die Papayas gründlich waschen und trockenreiben. Der Länge nach halbieren, entkernen und mit Hilfe eines spitzen Messers oder eines Grapefruitmessers das Fruchtfleisch lockern, aber nicht herauslösen, und in mundgerechte Stückchen schneiden. Die Champignons mit einem feuchten Tuch abreiben und je nach Größe in Achtel oder Vietel schneiden. Die vorbereiteten Zutaten miteinander vermengen. Die Papayahälften auf 4 Teller legen. Saure Sahne, Crème fraîche, Zitronensaft und Ananassaft glattrühren. Abschmecken, mit dem Salat vermischen und in den Papayahälften verteilen.

Geflügelcocktail Hawaii

Zutaten:

1 tiefgekühltes Hähnchen, 1 l Wasser, Salz, 2 Scheiben Ananas (Dose), 1 kleine Dose Mandarinen, 70 g Krabben (Glas), 2 EL gehackte Mandeln, 2 EL gehackte Pistazien; für die Marinade: 3 EL Mayonnaise, 1/2 Becher Joghurt, 3 EL Dosenmilch, 1 EL Tomatenketchup, Saft von 1/2 Zitrone, Salz, Pfeffer, Curry, Paprika, Zucker; zum Garnieren: 1 kleiner Kopfsalat, 1/4 Bd. Petersilie, 1 Scheibe Ananas, 4 Cocktailkirschen

Zubereitung:

Hähnchen auftauen lassen und ins kochende Salzwasser geben. In 45 Minuten gar kochen. Haut abziehen. Fleisch von den Knochen lösen. (Brühe als Suppe aufbewahren.) Geflügelfleisch würfeln. Ananasscheiben, Mandarinen und Krabben abtropfen lassen. Ananasscheiben würfeln. Alles vorsichtig mit Mandeln und Pistazien in einer Schüssel mischen. Für die Marinade Mayonnaise mit Joghurt, Dosenmilch und Tomatenketchup verrühren. Mit Zitronensaft, Salz, Pfeffer, Curry, Paprika und Zucker pikant würzen, über den Salat gießen. 30 Minuten im Kühlschrank durchziehen lassen. 4 Cocktailgläser mit gewaschenen Salatblättern auslegen. Geflügelcocktail hineinfüllen. Anananscheibe achteln. Jedes Glas mit Ananas, 1 Cocktailkirsche und 1 kleinen Petersiliensträußchen garnieren.

Geflügelsalat Princesse

Zutaten:

2 tiefgekühlte Hühnerbrüstchen, 1/4 l Wasser, Salz, 100 g Champignons (Dose), 150 g tiefgekühlte Erbsen, 50 g gehackte Mandeln, Saft von 2 Zitronen; für die Marinade: 100 g Mayonnaise, 4 EL Sahne, weißer Pfeffer, 1 Prise Zucker; zum Garnieren: 2 Stengel Petersilie

Zubereitung:

Hühnerbrüstchen auftauen, in kochendes Salzwasser geben. In 45 Minuten gar kochen. Hühnerbrüstchen, wenn nötig, von den Knochen lösen. In Würfel schneiden. Abgetropfte Champignons in Scheiben schneiden. Erbsen nach Anleitung zubereiten, abkühlen lassen. Hühnerfleisch, Champignons, Erbsen und Mandeln mit etwas Zitronensaft 10 Minuten marinieren. Mayonnaise mit Sahne verrühren. Mit Salz, Pfeffer, Zucker und dem restlichen Zitronensaft würzen. Alle Salatzutaten unterheben. 15 Minuten kühl stellen. Petersilie waschen, trockentupfen. Salat damit garnieren.

Geflügelsalat französisch

Zutaten:

2 tiefgekühlte Hühnerbrüstchen, 1/4 l Wasser, Salz, 1 Kopfsalat; für die Marinade: 4 EL Mayonnaise, 2 EL Sahne, 1 TL Meerrettich, 1 EL Tomatenketchup, Saft von 1/2 Orange, 1 Glas (2 cl) Cognac, Salz, weißer Pfeffer; zum Garnieren: 4 hartgekochte Eier, 4 Tomaten, 2 Scheiben Ananas (Dose)

Zubereitung:

Hühnerbrüstchen auftauen lassen und ins kochende Salzwasser geben. 45 Minuten sieden lassen. In der Zwischenzeit den Kopfsalat zerpflücken. Blätter gut waschen. In einem sauberen Geschirrtuch trockenschwenken. Für die Marinade Mayonnaise, Sahne, Meerrettich, Tomatenketchup, Orangensaft und Cognac gut mischen. Mit Salz und weißem Pfeffer würzen, kühl stellen. Von den Hühnerbrüstchen Haut und eventuell Knochen entfernen. Fleisch in sehr feinen Scheiben schneiden, abkühlen lassen. Kopfsalat in feine Streifen schneiden, auf 4 Glastellern anrichten. Fleischscheiben darauf verteilen. Mariande darübergießen. Hartgekochte Eier schälen, vierteln. Tomaten brühen, häuten, in Scheiben schneiden. Ananas auf einem Sieb abtropfen lassen, in Stücke teilen. Damit die Salatteller garnieren.

Geflügelsalat amerikanisch

Zutaten:

1 fertig gebratenes Hähnchen, je 1 grüne und rote Paprikaschote, 4 Tomaten, 1 kleine Dose Maiskörner, 8 grüne gefüllte Oliven; für die Marinade: 6 EL Öl, 2 EL Kräuteressig, je 1 TL Sojasauce und Paprika (rosenscharf), Salz, Pfeffer; außerdem: 3 Bd. Radieschen, Salz, 1 Kopfsalat, 1 Kästchen Kresse

Zubereitung:

Hähnchen häuten und von den Knochen lösen. Fleisch in Würfel schneiden. Paprikaschoten in Streifen schneiden. Tomaten häuten, würfeln. Maiskörner abtropfen lassen. Oliven in Scheiben schneiden. Alles miteinander mischen. Für die Marinade Öl, Essig, Sojasauce verrühren. Mit Paprika, Salz und Pfeffer pikant würzen. Über den Salat gießen. Radieschen waschen, in Scheiben schneiden, leicht salzen. Kopfsalat entblättern, waschen, trockentupfen, in grobe Streifen schneiden. Erst den Kopfsalat, dann die Radieschen auf 4 Glasteller verteilen. Salatmischung daraufschichten. Marinade darüber verteilen. Mit Kresse reich garniert servieren.

Carmen-Salat

Zutaten:

2 Tassen gekochtes, enthäutetes Hühnerfleisch, 1/2 Tasse Erbsen (tiefgekühlt), Salz, 1 rote Paprikaschote, 1/2 Tasse gekochter Patna-Reis; für die Marinade: 1 hartgekochtes Ei, 4 EL Öl, 2 EL Weinessig, 1/2 TL scharfer Senf, 1/2 TL feinge-

hackte Zwiebel, 1 TL zerriebene Estragonblätter, 1 TL gehackte oder zerriebene Liebstöckelblätter, Salz, Cayennepfeffer, 4 große Salatblätter

Zubereitung:

Hühnerfleisch würfeln. Erbsen in leicht gesalzenem Wasser gut 8 Minuten kochen, abtropfen lassen. Entkernte Paprika in Streifen schneiden. Diese Zutaten mit dem gekochten Reis mischen. Für die Marinade das Ei fein hacken. Mit Öl, Essig und Senf verrühren. Gehackte Zwiebel, Estragon und Liebstöckel dazugeben. Mit Salz und Cayennepfeffer würzen. Marinade über den Salat gießen. Auf Salatblättern anrichten.

Indischer Salat

Zutaten:

2 Hühnerkeulen, 3/4 l Wasser, Salz, 125 g Reis, 1 Stange Lauch, 150 g Krabben, 1 kleine Zwiebel; für die Marinade: je 2 EL Mangochutney, Öl und Zitronensaft, 1 TL Essig, 1/2 TL Worcestersauce, 1 Msp. Curry, Salz, weißer Pfeffer; zum Garnieren: 4 Salatblätter, 1 Banane

Zubereitung:

Die Hühnerkeulen waschen. 1/2 l Wasser in einem Topf aufkochen, salzen. Die Keulen hineingeben und in 30 Minuten gar kochen. In einem anderen Topf 1/4 l Wasser aufkochen, salzen. Gewaschenen Reis hineingeben. 15 Minuten bei sehr geringer Temperatur quellen lassen. Lauch putzen, waschen, der Länge nach halbieren und in feine Streifen schneiden. 5 Minuten vor Ende der Garzeit in den Reis geben. Reis auf ein Sieb geben, abtropfen und auskühlen lassen. Hühnerfleisch aus dem Topf nehmen. Häuten, Fleisch von den Knochen lösen, in feine Streifen schneiden, gut auskühlen lassen. Krabben mit kaltem Wasser abspülen, abtropfen lassen. Zwiebel schälen, fein hacken. Alle Zutaten in einer Schüssel mischen. Für die Marinade Mangochutney, Öl und Zitronensaft gut mischen. Essig und Worcestersauce zugeben. Mit Curry, Salz und Pfeffer unter den Salat heben. Eine Schüssel mit den gewaschenen, trockenen Salatblättern auslegen. Salat einfüllen. Mit Bananenscheiben garnieren.

Geflügelsalat Brasilia

Zutaten:

1 Suppenhuhn, 1 1/2 l Wasser, Salz, 1 Dose Palmenherzen, 1 Dose Artischockenherzen, 10 gefüllte grüne Oliven, 5 schwarze Oliven, 4 EL Kokosraspeln; für die Marinade: 4 EL Mayonnaise, 6 EL Sahne, 2 EL Zitronensaft, Salz, weißer Pfeffer, Zucker; zum Garnieren: 4 hartgekochte Eier, 8 Sardellenfilets, 1 großes Salatherz

Zubereitung:

Suppenhuhn unter kaltem Wasser abspülen, in kaltes, gesalzenes Wasser legen und 90 Minuten kochen lassen. Huhn aus der Brühe nehmen. Häuten, Fleisch von den Knochen lösen, in feine Streifen schneiden. Palmen- und Artischockenherzen abtropfen lassen, vierteln. Grüne Oliven in Scheiben schneiden. Schwarze Oliven entkernen, fein hacken. Fleisch, Palmenherzen, Artischockenherzen, Oliven und Kokosraspeln mischen. Für die Marinade Mayonnaise mit der leicht geschlagenen Sahne verrühren. Mit Zitronensaft, Salz, Pfeffer und Zucker abschmecken. Unter die Salatzutaten heben. In einer Glasschale anrichten. Hartgekochte Eier schälen und vierteln. Sardellenfilets abtropfen lassen. Röllchen formen. Salat mit Eiern und Sardellenröllchen garnieren. Salatherz in Streifen schneiden und als Garnierung in die Mitte setzen.

Hühnerfleischsalat in scharfer Sauce

Zutaten:

3 Hähnchenschenkel (etwa 600 g); für die Salatsauce: 1 TL Erdnußbutter, 1 TL Zucker, 1 EL Essig, 3 EL helle Sojasauce, 2 EL gehackter Schnittlauch, 1/2 TL Ingwerpulver, 1 gepreßte Knoblauchzehe, 1 EL Tabasco, Salz, Pfeffer, Glutamat, 2 E heißes Wasser

Zubereitung:

Hähnchenschenkel etwa 15 Minuten kochen lassen, dann herausnehmen, unter fließendem kalten Wasser abspülen, trockentupfen und kalt stellen. Hühnerfleisch entbeinen und jeden Schenkel in etwa 12 Stückchen zerteilen. Hühnerfleisch auf einem Servierteller anrichten und mit der Sauce überziehen.

Gedämpfter Hühnersalat mit Gurken

Zutaten:

1 Hühnerbrust, etwa 40 g Glasnudeln (in heißem Wasser eingeweicht, dann in etwa 10 cm lange

Fäden geschnitten), 1 Tasse Gurken (in Streifen), 50 g gekochter Schinken (in Streifen), 1 EL milder Senf, 2 EL Öl, 1/2 TL Sesamöl, 2 EL helle Sojasauce, 1–2 EL Essig, Salz, Pfeffer, 1 TL Zucker, 125 ml Hühnerbrühe

Zubereitung:

Hühnerbrust abkühlen lassen, Fleisch von den Knochen lösen und in Streifen schneiden. Alle Saucenzutaten miteinander vermischen. Die Nudeln auf einer Platte verteilen, darüber Gurkenstreifen, Hühnerfleisch und Schinkenstreifen. Kurz vor dem Servieren mit der Sauce überziehen.

Geflügel-Champignon-Salat

Zutaten:

150 g Champignons, Fleisch eines halben gebratenen Hähnchens, 3 Blätter Chicorée, 2 großer Blätter Eisbergsalat, 1 kleiner Radiccio, 80 g Feldsalat; für die Marinade: 8 cl Sahne, 3 EL milder Essig, 2 EL Olivenöl, 1 TL Currypulver, Salz und Pfeffer

Zubereitung:

Die Champignons putzen und in sehr feine Blättchen schneiden. Das Hühnerfleisch auslösen und in mundgerechte Stücke teilen. Salat putzen, waschen und in einem Sieb gut abtropfen lassen. Die Marinadenzutaten zusammenrühren und mit Salz und Pfeffer pikant abschmecken. Salat, Pilze und Hühnerfleisch in einer großen Salatschüssel vermengen, kurz vor dem Servieren mit der Marinade übergießen und das Ganze mischen.

Käsesalate

Käsesalat Waldorf

Zutaten:

3 Sellerieknollen, 3 saure Äpfel, Saft von 1/2 Zitrone, 150 g Emmentaler Käse, 125 g Walnußkerne; für die Marinade: 100 g Mayonnaise, 3 EL Joghurt, 1 EL Tomatenketchup, Salz, weißer Pfeffer; zum Garnieren: 3 Tomaten

Zubereitung:

Sellerieknollen schälen, waschen und in sehr feine Streifen schneiden. Äpfel schälen, auch in Streifen schneiden. In eine Schüssel geben. Mit Zitronensaft beträufeln und mischen. Käse ebenfalls in schmale Streifen schneiden. Walnußkerne (12 zum Garnieren zurücklassen) hacken und beides in die Salatzutaten mischen. Für die Marinade Mayonnaise mit Joghurt und Tomatenketchup verrühren. Mit Salz und Pfeffer würzen. Über die Salatzutaten gießen ung gut mischen. 30 Minuten zugedeckt im Kühlschrank ziehen lassen. Salat nochmals abschmecken und in einer Glasschüssel anrichten. Tomaten waschen, vierteln. Salat mit den Tomatenvierteln und den übrigen Walnußkernen garniert servieren.

Genfer Apfelsalat

Zutaten:

250 g Schweizer Emmentaler, 2 saftige Äpfel, je 150 g grüne und blaue Weintrauben, 30 g grob gehackte Pistazien; für die Marinade: 3 EL Joghurt, 3 EL Sahne, 1 TL Zitronensaft, Saft von 1 Orange, 2 Spritzer Worcestersauce, Salz, Zucker, Pfeffer, 1/2 Kästchen Kresse

Zubereitung:

Käse in Streifen schneiden. Gewaschene Äpfel schälen, halbieren, Kerngehäuse heraus- und das Fruchtfleisch in Streifen schneiden. Weintrauben waschen, abtropfen lassen, halbieren und entkernen. Alles mit den gehackten Pistazien mischen. Für die Marinade Joghurt mit Sahne schaumig schlagen. Mit Zitronen- und Orangensaft, Worcestersauce, Salz, Zucker und Pfeffer verrühren und kräftig abschmecken. Über den Salat gießen, locker unterheben. Kresse waschen, abtropfen lassen, zerpflücken und vor dem Servieren darüberstreuen.

Greyerzer Gurkensalat

Zutaten:

150 g Greyerzer Käse, 1 Dose Krabben, 1 kleine Salatgurke; für die Marinade: 4 EL Mayonnaise, 2 EL Joghurt, 2 TL Tomatenketchup, Salz, weißer Pfeffer, 1 Prise Zucker, 1 TL Zitronensaft, 1 Sträußchen Dill

Zubereitung:

Käse in Streifen schneiden. Krabben abtropfen lassen. Salatgurke schälen, in dünne Scheiben schneiden. Mit den Käsestreifen unter die Krabben mischen. Für die Marinade die Mayonnaise mit Joghurt und Tomatenketchup verrühren. Mit Salz, Pfeffer, Zucker und Zitronensaft abschmecken. Dill waschen, trockentupfen, hacken und unterheben. Zum Durchziehen 20 Minuten in den Kühlschrank stellen.

Käse mit Limettensaft

Zutaten:

1 Orange, 1 Birne, 1 Banane, 200 g Weintrauben, 200 g frische Ananas, Saft von 1 Limette, 300 g Schnittkäse; für die Sauce: 100 g Mayonnaise, Saft von 1/2 Orange, 1 TL Senf, Salz, Pfeffer, 3 cl Weinbrand, 100 g geschlagene Sahne

Zubereitung:

Obst waschen, schälen, teils entkernen und in gleich große Stückchen schneiden. In eine Schüssel legen und mit dem Limettensaft beträufeln. Käse in feine Streifen schneiden und über das Obst streuen. Mayonnaise, Orangensaft und Senf glattrühren. Salzen, pfeffern und mit Weinbrand übergießen. Danach die geschlagene Sahne unterheben; abschmecken. Die Sauce mit dem Salat vermengen und durchziehen lassen.

Bunter Käsesalat

Zutaten:

100 g grüne Bohnen, Salz, 200 g Schweizer Emmentaler, 2 Gewürzgurken, 2 Zwiebeln, 3 hartgekochte Eier, 1 rote Paprikschote, 2 Tomaten, 200 g Thunfisch (Dose); für die Marinade: 1 Becher Joghurt, 3 EL Mayonnaise, 3 EL Dosenmilch, 2 TL Senf, Estragonessig, Zucker, weißer Pfeffer, 1 Bd. Dill, 1 Bd. Petersilie; zum Garnieren: Kopfsalat, Petersilie

Zubereitung:

Bohnen waschen, fädeln, in Stücke schneiden. In

kochendes, gesalzenes Wasser geben. In 25 Minuten gar kochen. Auf einem Sieb abtropfen und auskühlen lassen. In der Zwischenzeit Käse, Gewürzgurken, geschälte Zwiebeln, Eier, geputzte Paprikaschote und die abgezogenen Tomaten würfeln. Thunfisch aus der Dose abtropfen lassen, grob zerpflücken. Kleingeschnittene Zutaten mit den Bohnen gut mischen. In eine Schüssel füllen. Für die Marinade Joghurt, Mayonnaise, Dosenmilch und Senf gut verrühren. Mit Estragonessig, Zucker und Pfeffer abschmecken. Dill und Petersilie waschen, sehr fein hacken, in die Sauce geben. Über den Salat gießen, mischen. 15 Minuten zugedeckt im Kühlschrank durchziehen lassen. Kopfsalat waschen, trockenschwenken, in einer Schüssel an den Rand legen. Bunten Käsesalat darin anrichten, mit Petersilie garnieren.

Emmentaler Sommersalat

Zutaten:

1/2 Salatgurke, 250 g Emmentaler Käse, 100 g Salami, 100 g gekochter Schinken; für die Marinade: 6 EL Salatöl, 2 EL Kräuteressig, 1 TL Senf, Salz, Pfeffer, 1 Prise Zucker, 1 TL frischer Dill (oder 1/2 TL getrocknete Dillspitzen); zum Garnieren: 1 Sträußchen Dill

Zubereitung:

Gurke waschen, ungeschält in dünne Scheiben schneiden. Käse, Salami und Schinken in Streifen schneiden. Mit den Gurkenscheiben mischen. Salatöl, Kräuteressig, Senf, Salz, Pfeffer und die Prise Zucker zu einer Marinade verrühren. Über die Salatzutaten gießen, vorsichtig mischen und

30 Minuten durchziehen lassen. Gewaschenen, gehackten Dill hineinmischen. (Der getrockente Dill kommt in die Marinade.) Abschmecken und anrichten. Mit einem Dillsträußchen garniert servieren.

Käsesalat pikant

Zutaten:

375 g Holländer Gouda, 2 feste Bananen, 1 Apfel (Golden Delicious), 2 Essiggurken, 1 kleines Glas eingelegter Tomatenpaprika; für die Marinade: 1/2 Becher Joghurt, 3 EL Mayonnaise, Saft von 1 1/2 Zitronen, 1 TL Senf, Salz, Pfeffer, 1 kleines Sträußchen Dill und Kerbel, je 1/2 Bd. Petersilie und Schnittlauch; zum Garnieren: 1/2 Dose Mandarin-Orangen

Zubereitung:

Käse zuerst in Scheiben, danach in feine Streifen schneiden. Bananen und Apfel schälen, Apfel entkernen. Beides sowie Essiggurken und Tomatenpaprika in Streifen schneiden. In eine Schüssel geben. Für die Marinade Joghurt und Mayonnaise verrühren. Zitronensaft, Senf, Salz und Pfeffer zufügen, pikant abschmecken. Über die in Streifen geschnittenen Salatzutaten gießen und gut mischen. Salat zugedeckt 30 Minuten kalt stellen. Danach nochmals abschmecken und eventuell nachwürzen. Kräuter waschen, trockentupfen und hacken, in den Salat mischen. Salat in einer Glasschale oder auf Glastellern anrichten. Mandarin-Orangen aus der Dose in einen Sieb geben, abtropfen lassen. Zum Garnieren verwenden.

Camembert-Cocktail

Zutaten:

1 eckiger Camembert (etwa 150 g), 1 Zwiebel, 1 Glas Mixed Pickles mit Paprikaschoten (20 g Fruchteinwaage); für die Marinade: 1 EL Essig, 1 EL Zitronensaft, 1 Prise Zucker, Salz, etwas Chilisauce (Fertigprodukt), 3 EL Öl, 1/2 Bd. Petersilie

Zubereitung:

Käse würfeln. Geschälte Zwiebel in Ringe schneiden. Mixed Pickles abtropfen lassen und kleinschneiden. Alles miteinander mischen. Aus Essig, Zitronensaft, Zucker, Salz, Chilisauce und Öl eine Marinade rühren, abschmecken. Über den Cocktail gießen. 30 Minuten im Kühlschrank ziehen lassen. Nochmals abschmecken. Mit Petersilie garnieren.

Käsesalat

Zutaten:

300 g Fleischwurst, 300 g Limburger Käse, 2 Zwiebeln, 1 TL Kümmel, Salz, weißer Pfeffer; für die Marinade: 4 EL Essig, 3 EL Öl, 1 Hauch Knoblauchpulver; zum Garnieren: 1 Bd. Radieschen, 1/2 Bd. Petersilie

Zubereitung:

Haut von der Fleischwurst abziehen. Käserinde abschneiden. Beides in Streifen schneiden. Zwiebeln schälen, in Ringe schneiden. Alles in eine Schüssel geben. Kümmel, Salz und Pfeffer darüberstreuen, gut mischen. Für die Marinade Essig, Öl und Knoblauchpulver verrühren. Über den

Salat gießen. Zugedeckt 30 Minuten in den Kühlschrank stellen. Radieschen waschen, in Scheiben schneiden. Petersilie abspülen, trockentupfen. Abwechselnd mit Radieschenscheiben an den Schüsselrand legen. Kalt servieren.

Tessiner Käsesalat

Zutaten:

300 g Gorgonzola, 2 Orangen, 2 Gewürzgurken; für die Marinade: 5 EL Öl, 3 EL Essig, Salz, weißer Pfeffer, 1 Bd. Dill, 8 Kapern; außerdem: 1/2 Kopfsalat, 12 Sardellenfilets (auf Kapern gerollt)

Zubereitung:

Gorgonzola zerbröckeln. Orangen schälen, in Schnitzel teilen, die Haut abziehen. Orangen und Gewürzgurken fein würfeln. Alles in einer Schüssel mischen. Für die Marinade Öl, Essig, Salz und Pfeffer verrühren. Dill abspülen, trockentupfen und kleinschneiden. Mit den gehackten Kapern in die Marinade geben. Abschmecken. Marinade über den Salat gießen, mischen und 30 Minuten zugedeckt im Kühlschrank ziehen lassen. Inzwischen den Kopfsalat zerpflücken, mit kaltem Wasser abspülen, trockenschwenken. Eine Glasschüssel damit auslegen. Käsesalat einfüllen. Zum Schluß mit gerollten Sardellenfilets garniert servieren.

Fischsalate

Exotischer Fischsalat
(für 6 Personen)

Zutaten:

150 g Krevetten (tiefgekühlt), 2 Mangofrüchte, 1 kleine Dose Ananas, 1 Dose Bambussprossen, 1 Dose Krabben, 2 Bananen, 3 EL Kokosraspeln oder geriebene Haselnüsse; für die Marinade: 100 g Mayonnaise, Saft von 1/2 Zitrone, 2 EL Sahne, 2 EL Ananassaft, Cayennepfeffer, Salz

Zubereitung:

Krevetten nach Vorschrift auftauen lassen. Mangofrüchte waschen, schälen und entkernen. Fruchtfleisch würfeln. Ananas abtropfen lassen, Saft auffangen. Dann die Fruchtscheiben würfeln. Abgetropfte Bambussprossen in Scheiben, dann in Streifen schneiden. Krabben abtropfen lassen. Bananen schälen, in Scheiben schneiden. Fruchtstücke mit den Kokosraspeln (oder den Haselnüssen) locker mischen. Für die Marinade Mayonnaise mit Zitronensaft, Sahne und aufgefangenem Ananassaft verrühren. Mit Cayennepfeffer und Salz abschmecken, über den Salat gießen. Vorsichtig mischen. Sofort servieren.

Katersalat

Zutaten:

8 Matjesfilets, 1/8 l Milch; außerdem: 2 Zwiebeln, je 1 grüne und rote Paprikaschote, Salz, 4 kleine Tomaten; für die Marinade: 4 EL Joghurt, 1 EL Öl, Saft von 1/2 Zitrone, 1 Prise Zucker, 1/2 TL Paprika (edelsüß); zum Garnieren: 1 Bd. Schnittlauch

Zubereitung:

Matjesfilets mit 1/2 l Wasser und Milch begießen. Zugedeckt über Nacht stehen lassen. Ebenfalls am Vorabend Zwiebeln schälen und in feine Ringe schneiden. Paprikaschoten waschen, in Scheiben schneiden. Abwechselnd Zwiebelringe und Paprikastreifen in eine hohe Schüssel schichten. Jede Lage reichlich mit Salz bestreuen. Zugedeckt ziehen lassen. Am nächsten Tag Matjesfilets abtropfen lassen und mit Haushaltspapier trockentupfen. Schräg in etwa 2 cm breite Streifen schneiden. Paprikastreifen und Zwiebelringe in ein Sieb geben. Kurz mit fließendem Wasser abbrausen, gut abtropfen lassen. Tomaten häuten, achteln. Matjes, Paprikastreifen, Zwiebeln und Tomaten in eine Schüssel geben. Für die Marinade Joghurt schaumig schlagen. Tropfenweise Öl und Zitronensaft einrühren. Mit Zucker und Paprika abschmecken. Über den Salat gießen. Mit Schnittlauch garniert servieren.

Calamarisalat

Zutaten:

2 Dosen Tintenfisch von je 130 g (Calamari), 1 Zwiebel, 3 Tomaten, 2 kleine Gewürzgurken, 1 kleine grüne Paprikaschote, 5 gefüllte Oliven, 1 Dose Ölsardinen; für die Marinade: 2 EL Zitronenessig, Salz, Pfeffer, 2 hartgekochte Eigelb, 4 EL Olivenöl, Paprika (edelsüß)

Zubereitung:

Tintenfisch abtropfen lassen. Saft für die Sauce aufheben. Zwiebel schälen und würfeln. Tomaten abziehen, entkernen und in Streifen schneiden. Gewürzgurken und gewaschene Paprikaschote auch in Streifen schneiden. Die Oliven in Ringe schneiden. Ölsardinen aus der Dose nehmen. Öl aufbewahren. Tintenfisch und Ölsardinen in kleine Stücke schneiden. Mit den übrigen Zutaten locker mischen. Salat in 4 Gläser verteilen. Für die Marinade Saft und Öl von Tintenfisch und Ölsardinen mit Zitronenessig, Salz, Pfeffer und 2 TL heißem Wasser verrühren. Eigelb durch ein Sieb streichen. Mit Öl verrührt in die Sauce geben. Mit Paprika abschmecken. Über den Salat gießen. 30 Minuten im Kühlschrank ziehen lassen.

Bohnensalat dänisch

Zutaten:

250 g grüne Bohnen, Salz, 1 EL Butter, 3 Matjesheringfilets, 200 g gekochte Pellkartoffeln, 1 Zwiebel; für die Marinade: 4 EL Mayonnaise, 1/2 Becher Joghurt, Saft von 1/2 Zitrone, Pfeffer, 1 Prise Zucker; zum Garnieren: 1/2 Bd. Petersilie

Zubereitung:

Bohnen fädeln, waschen und brechen. In kochendes Wasser geben. Salz und Butter zufügen. 15 Minuten kochen. Auf einem Sieb abkühlen lassen. Heringfilets und Pellkartofflen in gleichmäßige Streifen schneiden. Geschälte Zwiebel fein würfeln. Alles mischen. Für die Marinade die Mayonnaise mit Joghurt, Zitronensaft, Pfeffer, Salz und Zucker verrühren. Über den Salat gießen. 60 Minuten ziehen lassen. Nochmals abschmecken. Mit Petersilie garnieren.

Matjessalat Diable

Zutaten:

4 Matjesfilets, 250 g gebratenes Roastbeef oder anderer Rinderbraten, 1/2 rote Paprikaschote, 1/2 grüne Paprikaschote, 1 Zwiebel, 1/4 Salatgurke, 1 Essiggurke, 1 Dose Champignons, 3 EL Estragonessig, 1 TL französischer Senf, 1 EL Curryketchup oder scharfe Chilisauce, 3 EL Olivenöl, gemahlener schwarzer Pfeffer, Salz, 1/2 Bd. Petersilie oder Kerbel; zum Garnieren: 2 hartgekochte Eier

Zubereitung:

Matjesfilets und Roastbeef in 2 cm große Stücke schneiden. Paprikaschoten putzen, abspülen und trockentupfen, in Streifen schneiden. Geschälte Zwiebel, geschälte, geviertelte und entkernte Salatgurke, abgetropfte Essiggurke und Champignons ebenfalls in Streifen schneiden. In einer Schüssel Estragonessig, Senf, Curryketchup oder Chilisauce, Olivenöl, Pfeffer und Salz verrühren. Petersilie oder Kerbel unter kaltem Wasser abspülen, trockentupfen und fein hacken, hineingeben. Salatzutaten untermischen und 60 Minuten in den Kühlschrank stellen. Salat in einer Schüssel anrichten. Eier schälen, in Scheiben schneiden. Salat mit den Eiern garnieren.

Bücklingssalat

Zutaten:

3 Bücklinge, 200 g gekochte Kartoffeln, 200 g rote Äpfel; für die Marinade: 3 EL Olivenöl, 3 EL Zitronensaft, Salz, Pfeffer, 1 Prise Zucker; zum

Garnieren: 2 Tomaten, 2 hartgekochte Eier, 1 Sträußchen Dill

Zubereitung:

Bücklinge an der Rückengräte einschneiden. Haut abziehen. Filets sauber von den Gräten lösen. In gleichmäßige Stücke teilen. Kartoffeln schälen, fein würfeln. Äpfel waschen, vierteln, entkernen und in kleine, gleichmäßige Stücke schneiden. Diese Zutaten in einer Schüssel mischen. Aus Olivenöl, Zitronensaft, Salz, Pfeffer und Zucker eine Marinade rühren. Über den Salat gießen. Mischen und zugedeckt 15 Minuten ziehen lassen. Nochmals abschmecken. In einer Schüssel anrichten. Tomaten waschen, grünen Stengelansatz herausschneiden. In 12 Stücke, Eier in Scheiben schneiden. Im Wechsel um den Salat legen. Mit Dillspitzen garnieren.

Fischsalat mit Spargel

Zutaten:

500 g Fischfilet, frisch oder tiefgefroren, Saft von 1/2 Zitrone, Salz, 3 Tomaten, 100 g Spargelspitzen (Dose), 50 g halbierte Walnußkerne; für die Marinade: 1 Eigelb, 1 TL scharfer Senf, 100 g Mayonnaise, 1/2 Becher Joghurt, 1 Prise Zucker, Salz, weißer Pfeffer, 1/8 l saure Sahne; zum Garnieren: 1 Kopfsalat, 1 Tomate, 1 hartgekochtes Ei, 1/2 Bd. Petersilie

Zubereitung:

Fischfilet unter kaltem Wasser abspülen, trockentupfen. Mit Zitronensaft beträufeln, ziehen lassen, salzen. 1/4 l Salzwasser in einem

Topf aufkochen. Fisch hineingeben. Hitze reduzieren und in 10 Minuten gar ziehen lassen. Fisch im Fischwasser etwa 30 Minuten abkühlen lassen. Fisch herausnehmen, abtropfen lassen, in gleichmäßige Würfel schneiden oder zerpflücken. Tomaten überbrühen, häuten, Stengelansätze herausschneiden und achteln. Spargelspitzen abtropfen lassen. Fisch, Walnußkerne, Tomaten und Spargelspitzen mischen. Für die Marinade das Eigelb, Sahne, Senf und Mayonnaise verrühren. Joghurt dazugeben. Mit Zucker, Salz und weißem Pfeffer kräftig würzen.

Bremer Fischsalat

Zutaten:

500 g Schellfischfilet, Salz, Saft von 1 Zitrone, 1 Lorbeerblatt, 5 Pfefferkörner, 1 kleine Zwiebel, 6 Sardellenfilets in Öl, Räucherlachsstreifen, 1 kleine Dose Champignons, 1 kleiner, gekochter Blumenkohl; für die Marinade: 1 Zwiebel, 2 EL Essig, 3 EL Öl, Salz, weißer Pfeffer, 1 Prise Zucker; zum Garnieren: 1 kleiner Kopfsalat, 2 hartgekochte Eier

Zubereitung:

Schellfischfilet in wenig Wasser mit etwas Salz, Zitronensaft, Lorbeerblatt, Pfefferkörnern und der geschälten Zwiebel in 20 Minuten gar ziehen lassen. Abkühlen lassen und in gleichmäßige Stücke zerpflücken. Sardellenfilets in Streifen schneiden. Mit dem Schellfisch, dem Räucherlachs, den abgetropften Champignons und dem in Röschen geteilten Blumenkohl gut mischen. Zwiebel schälen, fein würfeln. Essig und Öl miteinander verrühren. Zwiebelwürfel hineingeben. Mit Salz, weißem Pfeffer und 1 Prise Zucker würzen. Öl von den Sardellen dazugeben. Eventuell mit etwas Essig nachsäuern. Marinade über die Salatmischung geben. Vorsichtig mischen. Eine Schüssel mit Salatblättern auslegen. Den Fischsalat hineinfüllen und mit Eischeiben garnieren.

Hamburger Fischsalat

Zutaten:

500 g tiefgekühlte Kabeljaufilets, 20 g Margarine, 1/8 l heißes Wasser, 4 hartgekochte Eier, 2 Gewürzgurken, 1 Röhrchen Kapern; für die Marinade: 2 EL Mayonnaise, 2 EL saure Sahne, 2 TL Zitronensaft, 1 TL scharfer Senf, Salz, weißer Pfeffer; zum Garnieren: 1 hartgekochtes Ei, 4 Scheiben Rote Bete (Dose), Petersilie

Zubereitung:

Fischfilets nach Vorschrift auftauen. Mit Haushaltspapier abtupfen. Margarine in einem Topf erhitzen. Fischfilets hineingeben und Wasser dazugießen, aufkochen. Topf zudecken. Fisch 10 Minuten dünsten. In der Zwischenzeit Eier schälen und in Scheiben schneiden. Gurken schälen und in Würfel schneiden. Kapern abgießen (Wasser aufheben) und grob hacken. Fischfilets auf ein Sieb geben, abtropfen und abkühlen lassen. Für die Marinade Kapernwasser, Mayonnaise, saure Sahne und Zitronensaft mit Senf, Salz und Pfeffer in einer Schüssel verrühren. Fischfilets in dünne Scheiben schneiden. Mit Eiern, Gurken und Kapern mischen. In 4 Cocktailgläser verteilen, Marinade darüber geben.

30 Minuten zugedeckt in den Kühlschrank stellen. Mit Eiachteln, gehackter rote Bete und Petersilie garnieren.

Heringssalat Helsinki

Zutaten:

1 junger Weißkohl, 1 1/2 l Wasser, 200 g durchwachsener Speck, 4 Matjesheringe, 2 EL Weinessig, 1 TL Zucker, frisch gemahlener Pfeffer

Zubereitung:

Weißkohl putzen, unter kaltem Wasser waschen. Auf großem Sieb gut abtropfen, fein schneiden. Wasser in einem Topf aufkochen. Weißkohl hineingeben, einmal aufkochen lassen. Wieder auf ein Sieb zum Abtropfen und zugleich zum Auskühlen geben. In der Zwischenzeit Speck in feine Streifen schneiden. In einer Pfanne leicht bräunen, abkühlen lassen. Matjesheringe häuten und entgräten. Unter kaltem Wasser gut abspülen, trockentupfen. Ebenfalls in feine Streifen schneiden. Kohl, Speck und Heringe in eine Schüssel geben und gut mischen. Mit Essig, Zucker und Pfeffer würzen. Zugedeckt 30 Minuten durchziehen lassen.

Butterfly-Salat

Zutaten:

400 g Thunfisch (Dose), 1 Zwiebel, 4 Tomaten, 1/2 Kopfsalat; für die Marinade: 3 EL Öl, Saft von 1 Zitrone, Salz, Pfeffer, 1 Bd. Schnittlauch; zum Garnieren: 1/ Zitrone

Zubereitung:

Thunfisch abtropfen lassen, grob zerpflücken. Geschälte Zwiebel in feine Ringe schneiden. Gehäutete Tomaten in Scheiben schneiden. Beides mit dem Thunfisch mischen. Kopfsalat putzen, waschen, abtropfen lassen. Für die Marinade Öl und Zitronensaft verrühren. Mit Salz und Pfeffer abschmecken. Gewaschenen, gehackten Schnittlauch dazugeben. Sauce über den Salat gießen, gut mischen. Kopfsalatblätter in Muschelschalen verteilen. Darauf den Salat anrichten. Mit Zitronenspalten garnieren.

Thunfischsalat

Zutaten:

2 Tomaten, 1 Zwiebel, 1 Apfel, 25 paprikagefüllte grüne Oliven, 1 Dose Thunfisch in Öl; für die Marinade: 50 g Mayonnaise, 2 EL Sahne, 1 EL Chilisauce, Saft von 1 Zitrone, Salz, frisch gemahlener schwarzer Pfeffer, 1 Prise Zucker; zum Garnieren: 1/2 Kopfsalat, 1 hartgekochtes Ei

Zubereitung:

Tomaten häuten, vierteln, entkernen, die Stengelansätze herausschneiden. Zwiebel schälen und fein hacken. Apfel schälen, würfeln. Oliven abtropfen lassen, in feine Scheiben schneiden. Thunfisch abtropfen lassen, mit einer Gabel zerpflücken. Sämtliche Zutaten in einer Schüssel gut mischen. Für die Marinade Mayonnaise, Sahne, Chilisauce und Zitronensaft in einer Schale verrühren. Mit Salz, Pfeffer und Zucker abschmecken. Marinade über den Salat gießen. Zugedeckt 30 Minuten in den Kühlschrank stellen.

Für die Garnierung den Kopfsalat putzen, in kaltem Wasser waschen und in einem Küchentuch trockenschwenken. Eine Glasschüssel mit den Salatblättern auslegen. Salat aus dem Kühlschrank nehmen, eventuell nachwürzen und in die Glasschüssel füllen. Das geschälte Ei in Scheiben schneiden und auf den Salat legen.

Bunter Krabbensalat

Zutaten:

200 g Krabbenfleisch, je 200 g blaue und helle Trauben, 200 g kleine Tomaten; für die Marinade: 50 g Mayonnaise, 1 Becher Joghurt, Salz, Zucker, Pfeffer, etwas Zitronensaft; zum Garnieren: Petersilie, 1 Scheibe Zitrone

Zubereitung:

Krabbenfleisch mit den ganzen oder halbierten Trauben und gewaschenen (Stengelansatz herausschneiden) und grob gewürfelten Tomaten mischen. Einige Trauben und eine kleine Tomate zum Garnieren zurücklassen. Für die Marinade die Mayonnaise mit Joghurt verrühren. Mit Salz, Zucker, Pfeffer und Zitronensaft würzen. Über den Salat gießen, mischen und in eine Schüssel füllen. 30 Minuten zugedeckt im Kühlschrank durchziehen lassen. Mit den restlichen Tomaten, den geviertelten Trauben und der gewaschenen, kleingehackten Petersilie garnieren. Kalt servieren.

Tip: Auch mit Krabbenfleisch schmeckt dieser Salat sehr gut.

Holländischer Matjessalat

Zutaten:

1 kleiner Blumenkohl, 1 l Wasser, Salz, 1/2 Salatgurke, 8 Matjesfilets, 1 Dose Nordseekrabben; für die Marinade: 1/8 l saure Sahne, 100 g Mayonnaise, 3 EL Tomatenketchup, 4 EL Weinessig, 1 EL Zucker, 1 Prise Salz, weißer Pfeffer;
1 Kopfsalat

Zubereitung:

Blumenkohl putzen, 10 Minuten in einer Schüssel mit stark gesalzenem, kaltem Wasser liegen lassen. Wasser in einem Topf aufkochen, salzen. Blumenkohl hineinlegen und in 20 Minuten gar kochen, abtropfen und abkühlen lassen.
In der Zwischenzeit halbe Salatgurke schälen. Zuerst in Scheiben, dann in Würfel schneiden. Abgekühlten Blumenkohl in Röschen teilen. Matjesfilets mit Haushaltspapier trockentupfen, würfeln. Blumenkohlröschen, Gurken- und Matjeswürfel und die abgetropften Krabben in eine Schüssel geben, mischen.
Für die Marinade saure Sahne mit Mayonnaise, Tomatenketchup und Weinessig in einer Schüssel verrühren. Mit Zucker, Salz und Pfeffer würzen. Mit den Salatzutaten mischen und 40 Minuten ziehen lassen, abschmecken. Den Kopfsalat zerpflücken, putzen, waschen. Blätter in einem Küchentuch trockenschwenken. Eine Schüssel mit den Salatblättern auslegen. Matjessalat darauf anrichten und servieren.

Crab Meat Ravigote

Zutaten:

200 g tiefgekühlte, große Krabben oder Scampis, 200 g Bleichsellerie, 1 rote Paprikaschote, 1 grüne Paprikaschote; für die Marinade: 2 EL Sahne oder Dosenmilch, 8 El Mayonnaise, 2 EL Zitronensaft, 1 EL Essig, 1 TL Senf, Salz, Pfeffer; zum Garnieren: 1 Kopfsalat, 2 hartgekochte Eier, 4 Trüffelscheiben

Zubereitung:

Krabben oder Scampis auftauen lassen, halbieren. Bleichsellerie putzen, Stengel voneinander lösen, gut waschen, abtropfen lassen, in feine Streifen schneiden. Paprikaschoten vierteln, putzen, waschen, in feine Streifen schneiden. Mit Krabben und Sellerie vermengen. Für die Marinade Sahne oder Dosenmilch mit Mayonnaise verrühren. Tropfenweise Zitronensaft und Essig zufügen. Senf untermischen. Mit Salz und Pfeffer würzen. Über die Salatzutaten gießen und mischen. Kopfsalat putzen, waschen, abtropfen lassen. Blätter in Glasschalen oder auf Tellern anrichten. Crab Meat Ravigote darauffüllen. Hartgekochte Eier halbieren. Eigelb herauslösen und würfeln. Damit den Salat ringsum garnieren. In die Mitte je 1 Trüffelscheibe legen.

Shrimpssalat

Zutaten:

2 Packungen tiefgekühlte Shrimps (300 g); für den Sud: 1/4 l Weißwein, 1 TL Senf, 1 Prise Zucker, 1 Zwiebel; für den Salat: 1 Zwiebel,

1 kleine Dose Maiskörner, 1 rote Paprikaschote, 1/4 Salatgurke, 4 Stück Palmito (Palmsprossen/ Dose); Dill, 1 Bd. Petersilie, 3 EL Mayonnaise, 3 EL saure Sahne oder Joghurt, Salz, Cayennepfeffer

Zubereitung:

Shrimps in einer Schüssel zugedeckt auftauen lassen, Darm entfernen. Für den Sud Weißwein, Senf und Zucker in einem Topf mischen. Zwiebel schälen und würfeln, in den Topf geben. Sud einmal aufkochen. Shrimps hineingeben und darin 10 Minuten ziehen lassen, aber nicht kochen. Danach auf einem Sieb abtropfen und erkalten lassen. Für den Salat Zwiebel schälen und in dünne Ringe schneiden. Maiskörner abtropfen lassen. Paprikaschote waschen und würfeln. Salatgurke abspülen, abtrocknen, längs vierteln und in Scheiben schneiden. Palmsprossen abtropfen lassen und in Scheiben schneiden. Alles mit den Shrimps mischen. Für die Marinade Dill und Petersilie abbrausen und trockentupfen. Vom Dill einige Zweige zum Garnieren zurückbehalten. Den Rest fein schneiden. Petersilie hacken. Mit Mayonnaise und saurer Sahne in einer Schüssel verrühren. Mit Salz und Cayennepfeffer abschmecken. Marinade über den Salat gießen. Zugedeckt im Kühlschrank 10 Minuten durchziehen lassen. Salat in 4 Schälchen füllen. Mit Dillzweigen garniert servieren.

Pariser Garnelensalat

Zutaten:

1 Pakete tiefgekühlte Garnelen, 2 Chicoréestauden, 3 säuerliche Äpfel, Saft von 1 Zitrone; für

die Marinade: 1/2 Kästchen Kresse, 1/2 Bd. Schnittlauch, 1 Becher saure Sahne, Salz, 1 Prise Zucker, 1/2 TL Paprika (edelsüß)

Zubereitung:

Garnelen nach Vorschrift auftauen lassen. Chicoréestauden waschen. Wurzelende etwa 1 cm breit abschneiden. Wurzelkern keilförmig herausschneiden. Stauden in 1 cm breite Ringe schneiden. Auf einem Sieb abspülen. Äpfel schälen und vierteln, in hauchdünne Scheiben schneiden. Garnelen, Chicorée und Äpfel in einer Schüssel mischen. Mit Zitronensaft beträufeln und 10 Minuten durchziehen lassen. In der Zwischenzeit für die Marinade Kresse und Schnittlauch abbrausen. Kresse von den Stielen schneiden. Ein paar Blättchen zum Garnieren zurücklassen. Schnittlauch fein schneiden. Saure Sahne schaumig schlagen. Mit Salz, Zucker und Paprika abschmecken. Kräuter untermischen. Über den Salat gießen. Zugedeckt 15 Minuten im Kühlschrank durchziehen lassen. Dann in 4 Glasschälchen verteilen. Mit Kressesträußchen garnieren und sofort servieren.

Genueser Salat

Zutaten:

100 g tiefgekühlte Scampis, 300 g tiefgekühltes Goldbarschfilet, Saft von 1 Zitrone, 1 Tasse Wasser, Salz, 1 Dose Tintenfisch, 2 Zwiebeln, 1 Gewürzgurke, 3 Tomaten, 100 g grüne Bohnen (Dose); für die Marinade: 3 EL Öl, 2 EL Essig, 2 TL scharfer Senf, Salz, schwarzer Pfeffer; zum Garnieren: 2 Stengel Petersilie

Zubereitung:

Scampis auftauen, abtropfen lassen. 4 Scampis zum Garnieren beiseite legen. Goldbarschfilet antauen lassen, bis sich die Filets voneinander lösen. Mit Zitronensaft beträufeln. Wasser mit Salz aufkochen, Fischfilets hineingeben und zugedeckt 10 Minuten darin dünsten. In der Zwischenzeit den Tintenfisch abtropfen lassen. In mundgerechte Stücke schneiden. Goldbarschfilets mit dem Schaumlöffel aus dem Topf nehmen, abkühlen lassen, in Stücke zerpflücken. Mit Scampis und den Tintenfischstücken vorsichtig mischen. Zwiebeln und Gurke schälen. In dünne Scheiben schneiden. 2 Tomaten häuten, vierteln. (Dritte Tomaten zum Garnieren zurücklassen.) Grüne Bohnen abtropfen lassen. Alles mit den Fischzutaten mischen. Für die Marinade Öl, Essig, Senf, Salz, Pfeffer verrühren, kräftig würzen. 20 Minuten durchziehen lassen. Salat in einer Schüssel anrichten. Mit geviertelter Tomate, Scampi und Petersilie garnieren.

Garnelen Pitahaya

Zutaten:

4 schöne Eisbergsalatblätter, 400 g geschälte Garnelen (frisch oder tiefgekühlt), 2 Pitahaya (exotische Fruchtsorte), 50 g saure Sahne, 50 g Mayonnaise, Saft von 1/2 Limette, Salz, Pfeffer, 1 Prise Rosenpaprika, 4 Physalis, 1 Limette

Zubereitung:

4 Vorspeisenteller kurz ins Gefrierfach stellen. Die Salatblätter waschen und in dünne Streifen schneiden. Die Salatstreifen auf den gekühlten

Tellern verteilen und darauf die Garnelen hübsch anrichten. Die beiden Früchte der Länge nach halbieren und mit einem Löffel das Fruchtfleisch herauslösen. Das Fruchtmark mit saurer Sahne und Mayonnaise verrühren. Mit Limettensaft, Salz, Pfeffer und Paprika würzen. Löffelweise über die Garnelenportionen verteilen. Mit je 1 Physalis und 1 Limettenscheibe garnieren.

Pomelo mit Thunfisch

Zutaten:

2 Pomelos, 1 Dose Thunfisch, 4 gehäutete Tomaten, 1 rote Zwiebel, 200 g gekochte Kartoffeln, 50 g Mayonnaise, 50 g Joghurt, Salz, Pfeffer, Tabasco, 2 EL gehackter Dill, 8 schwarze Oliven

Zubereitung:

Die beiden Pomelos waschen, trockenreiben und quer halbieren. Die Unterseiten flach abschneiden, damit sie stehen können. Das Fruchtfleisch aus dem Pomelohälften lösen und etwa 8 Filets herausschneiden, dabei die Schalen intakt lassen. Den Rest Fruchtfleisch mit der Hand ausdrücken; für die Marinade beiseite stellen. Den Thunfisch abtropfen lassen und unter Zusatz von Mayonnaise sowie Joghurt pürieren. Salzen, pfeffern und mit Tabasco, Pomelosaft und gehacktem Dill würzen. Die Tomaten und die Kartoffeln klein würfeln. Die Zwiebel schälen und in hauchdünne Ringe schneiden. Jede Pomelohälfte mit Tomaten, Kartoffeln, Zwiebeln und Pomelofilets füllen. Den pürierten Thunfisch löffelweise darüber verteilen. Mit Oliven garnieren.

Krabben-Cocktail

Zutaten:

2 Eier, 400 g Krabbenfeisch, 250 g Zuckerschoten, Salz, 4 EL Mayonnaise, 100 g Crème fraîche, 1 EL Tomatenketchup, 2 cl Cognac, frisch gemahlener weißer Pfeffer, 1 Bd. Dill, 1 Zitrone

Zubereitung:

Eier 8 Minuten kochen, unter kaltem Wasser abschrecken, schälen und in Scheiben schneiden. Einen Topf mit 2 l Salzwasser zum Kochen bringen. Zuckerschoten waschen, putzen und im Salzwasser blanchieren. In kaltem Wasser abschrecken, trockenschleudern und in schräge, schmale Streifen schneiden. Mit dem Krabbenfleisch vermischen und in eine Schüssel geben. Mayonnaise, Crème fraîche, Tomatenketchup und Cognac verrühren und über das Krabbenfleisch geben. Mit Salz und Pfeffer würzen und vorsichtig die Eier unterheben. In Portionsschalen füllen. Dill waschen, trockenschütteln und den Krabbencocktail damit garnieren. Dazu die geachtelte Zitrone und etwas getoastetes Weißbrot reichen.

Kalter Hummer

Zutaten:

Salz, Kümmel, 1 TL Pfefferkörner, 1 Lorbeerblatt, 2 Hummer (je etwa 500 g), 4 Äpfel, Saft von 1 Zitrone, 3 EL Mayonnaise, Worcestersauce, 4 Limonen

Zubereitung:

2 Töpfe mit Wasser zum Kochen bringen. In den einen Salz, etwas Kümmel, die Pfefferkörner und das Lorbeerblatt geben. In dem anderen Hummer in sprudelnd kochendem Wasser mit dem Kopf nach vorne gleiten lassen (töten). Hummer herausnehmen und in dem zweiten Topf mit dem Sud etwa 15 Minuten ziehen lassen, nicht mehr kochen! Inzwischen Äpfel schälen, vom Kerngehäuse befreien und in feine Streifen schneiden. Sofort mit Zitronensaft beträufeln, damit sie nicht braun werden. Mit Mayonnaise vermengen. Hummer herausnehmen, abkühlen lassen und der Länge nach halbieren. Das Schwanzfleisch herausnehmen, den Darm entfernen und das Fleisch in Medaillons schneiden. Die Scheren aufbrechen und das Fleisch vorsichtig entfernen. Den Hummerkörper unter fließendem Wasser reinigen und wieder trockentupfen. Den angemachten Apfelsalat in die leeren Hummerhüllen hineinfüllen und die Schwanz- und Scherenteile darauf anrichten. Mit Limonenscheiben garnieren.

Salat mit Hummerkrabben

Zutaten:

8 gekochte Hummerkrabbenschwänze, 4 cl Cognac, 6 EL Cocktailsauce (Fertigprodukt), Saft von 1/2 Zitrone, 1/2 Staudensellerie, 60 g Cashewkerne, 1 Bd. Basilikum

Zubereitung:

Die Hummerkrabbenschwänze waschen, schälen, trockentupfen und in Ringe schneiden. Mit dem

Cognac übergießen und etwa 15 Minuten marinieren lassen. Cocktailsauce mit dem Zitronensaft vermischen und zu den Hummerkrabben und Cognac rühren. 1 l Wasser zum Kochen bringen. Staudensellerie waschen, putzen, in dünne Stückchen schneiden und kurz in dem kochenden Wasser blanchieren. Sofort unter eiskaltem Wasser abschrecken und trockenschleudern. Zusammen mit den Cashewkernen unter die Hummerkrabben mischen. Basilikum waschen, trockenschütteln und in feine Streifen schneiden, unter den Hummerkrabbensalat heben und in Portionsschalen füllen.

Lauchsalat mit Räucherlachs

Zutaten:

3 Stangen Lauch, 2 Tomaten, 2 Eier, 200 g geräucherter Lachs, 100 g Crème fraîche, 2 EL Mayonnaise, 1 TL Senf, Salz, frisch gemahlener weißer Pfeffer, 1/2 Bd. Petersilie

Zubereitung:

Lauch putzen, waschen und den weißen und hellgrünen Teil in feine Ringe schneiden. Tomaten häuten, entkernen und in kleine Würfel schneiden. Eier hartkochen, abschrecken, pellen und grob hacken. Den geräucherten Lachs in feine Streifen schneiden. Aus Crème fraîche, Mayonnaise und Senf eine Salatsauce rühren und mit Salz und Pfeffer würzen. Die Lauchringe auf Teller verteilen, mit Eiern und Tomatenwürfeln bestreuen. Dann Petersilie hacken und darüberstreuen. Sauce darübergießen und mit den Lachsstreifen garnieren.

Heringssalat

Zutaten:

4–5 Heringe, 1 kg gekochte Pellkartoffeln, 2 Äpfel, 2 Zwiebeln, 1 Gewürzgurke, 2 Eier, Essig, Öl, frisch gemahlener weißer Pfeffer, Zucker, 1/2 TL Meerrettich, Mayonnaise, 1 TL Kapern

Zubereitung:

Heringe wässern und filetieren, in kleine Würfel schneiden. Pellkartoffen von der Schale befreien und ebenfalls in kleine Würfel schneiden. Äpfel und die Zwiebeln schälen und zusammen mit der Gewürzgurke kleinschneiden. Eier hartkochen, abkühlen lassen, kleinschneiden und alles miteinander vermischen. Aus Essig, Öl, Pfeffer, Zucker, Meerrettich und Mayonnaise eine Marinade zubereiten, die Mischung dazugeben und alles vermengen. Im Kühlschrank gut durchziehen lassen und mit Kapern verziert servieren.

Lachsrollen auf Frühlingssalat

Zutaten:

250 g Zuckerschoten, 1 Blumenkohl, 1 EL Sherryessig, 2 EL Olivenöl, Salz, frisch gemahlener weißer Pfeffer, 2 Eier, 4 Scheiben geräucherter Lachs, 1 Bd. Dill, Saft von 1/2 Zitrone

Zubereitung:

Gemüse putzen, waschen, knackig dünsten und kalt stellen. Salatsauce aus Sherryessig, Olivenöl und Gewürzen herstellen. Gemüse auf Tellern anrichten und mit der Salatsauce bestreichen. Eier trennen. Eigelb im Wasserbad mit dem

Schneebesen schlagen, bis es dicklich ist. Eiweiß zu steifem Schnee schlagen und unter das Eigelb ziehen. Die Masse mit Zitronensaft, Salz und Pfeffer würzen. Dill waschen, trockenschütteln, fein hacken und unterheben. Lachsscheiben mit der Masse bestreichen, aufrollen und neben dem Gemüsesalat anrichten.

Omas Heringssalat

Zutaten:

4 Salzheringe, 200 g Rindfleisch, 3 große Pellkartoffeln, 2 gekochte Rote Bete, 2 EL Rote-Bete-Brühe, 1 säuerlicher Apfel, 2 Gewürzgurken, 100 g Haselnüsse, 3 EL Mayonnaise, 1 Ei, 2 EL Schlagsahne

Zubereitung:

Heringe filetieren und 1 Tag wässern. Das Wasser öfter erneuern. Rindfleisch kochen und erkalten lassen. Die Heringsfilets in mundgerechte Stücke schneiden. Pellkartoffeln, Roten Bete, Apfel, Gewürzgurken und Rindfleisch in kleine Würfel schneiden. Die Nüsse grob hacken. Mayonnaise mit der Rote-Bete-Brühe vermischen. Alle Zutaten hinzufügen, vermengen und mit der Sahne verfeinern. Ei hart kochen, achteln und den Heringssalat damit garnieren.

Tip: Als Getränk dazu eignet sich ein guter Apfelwein.

Neptuns Salat

Zutaten:

400 g Forellenfilets, Saft von 1/2 Zitrone, Salz, frisch gemahlener weißer Pfeffer, 2 EL Mehl, Fritierfett, 100 g Feldsalat, 1Radicchiokopf, 3 EL Sojaöl, 2 EL Kräuteressig, 50 g Crème fraîche, abgeriebene Schale von 1/2 unbehandelten Zitrone

Zubereitung:

Fischfilets quer in fingerdicke Streifen schneiden, mit Zitronensaft marinieren, salzen und pfeffern. In Mehl wenden und in der heißen Friteuse knusprig ausbacken. Beide Salate waschen, trockenschütteln und auf die Teller verteilen. Aus Sojaöl, Kräuteressig, Crème fraîche, Zitronenschale, Salz und Pfeffer eine Salatsauce rühren und über die Salate träufeln. Die abgetropften Fischfilets auf dem Salat verteilen.

Matjes »Bonne Femme«

Zutaten:

8 Matjesfilets, 1/4 l Milch, 3 rote Zwiebeln, 2 säuerliche Äpfel, 1 kleines Glas Senfgurken, je 1 Bd. Schnittlauch, Petersilie, Zitronenmelisse und Dill, 1 TL Wacholderbeeren, 1 EL Kapern, 3 EL Mayonnaise, 2 EL Weißweinessig, frisch gemahlener weißer Pfeffer, 1 Prise Zucker

Zubereitung:

Matjesfilets 1 Stunde in die Milch einlegen. Herausnehmen und auf Haushaltspapier abtropfen lassen. In mundgerechte Stücke schneiden. Zwiebeln schälen und in hauchdünne Ringe schneiden. Äpfel schälen, würfeln, dabei das Kerngehäuse entfernen. Senfgurken abtropfen lassen und fein würfeln. Kräuter waschen, trockentupfen und fein hacken. Alles zusammen mit den Wacholderbeeren in einer Schale vermischen. Kapern dazugeben und unterrühren. Mayonnaise mit Weinessig, Pfeffer und Zucker abschmekken und über die Matjesfilets geben, ziehen lassen.

Französischer Thunfischsalat

Zutaten:

3 EL Mayonnaise, 3 EL Weinessig, Salz, frisch gemahlener weißer Pfeffer, 1 Bd. Schnittlauch, 60 g Kapern, 1 Bd. Radieschen, 2 Zwiebeln, 2 Dosen Thunfisch in Öl, 4 hartgekochte Eier

Zubereitung:

Mayonnaise, Essig, Salz und Pfeffer verühren. Schnittlauch waschen, trockenschütteln, Kapern abtropfen, beides fein hacken. Radieschen waschen und in Scheiben schneiden, Zwiebeln schälen und fein würfeln und Thunfisch zerpflücken. Eier schälen und achteln. Alles unter die Sauce heben und 1 Stunde ziehen lassen.

Tomatenhering

Zutaten:

250 g frische Matjesfilets, 1/2 Zwiebel, 4 EL Tomatensaft, frisch gemahlener schwarzer Pfeffer, 3 EL Tomatenketchup, 1 EL Essig, 2 EL Sherry, Chili, 1/2 Bd. Dill

Zubereitung:

Matjesfilets in mundgerechte Stücke schneiden. Zwiebel fein würfeln. Tomatensaft, Pfeffer, Ketchup, Essig und Sherry zu einer Sauce rühren und mit Chili pikant würzen. Fisch und Zwiebel in der Marinade an einem kühlen Ort ziehen lassen. Dill waschen, trockenschütteln, zupfen und darüberstreuen.

Tip: Als Gewürz eignet sich Majoran, auch zu Dill.

Matjes in Senfsauce

Zutaten:

3 EL Würzsenf, 75 g saure Sahne, 250 g Matjesfilets

Zubereitung:

Aus den angegebenen Saucenzutaten eine Marinade rühren. Die Matjesfilets in mundgerechte Stücke schneiden, mit der Sauce bedecken und im Kühlschrank mindestens 2 Stunden ziehen lassen. Mit Pellkartoffeln servieren.

Meeresfrüchte-Salat mit Käse

Zutaten:

500 g gemischte Meeresrüchte (tiefgekühlt) oder Krabben, Tintenfische, Muscheln, Thunfisch (frisch auf dem Markt kaufen), 1/2 Bd. gemischte Kräuter, 174 l Weißwein, Salz, Saft von 1 Zitrone, 2 Lorbeerblätter, 1/2 Radicchio, 1 Kopfsalatherz, 200 g Cheddarkäse, 6 EL Olivenöl, 4 EL Weißweinessig, Pfeffer

Zubereitung:

Meeresfrüchte unter fließendem kalten Wasser gründlich waschen und in einem Sieb abtropfen lassen. Kräuter waschen, trockenschwenken, von den Stengeln zupfen und hacken. In einem Topf Weißwein mit 1/4 l Wasser aufkochen. Meeresfrüchte, Salz, Zitronensaft, Lorbeerblätter einrühren und das Ganze einige Male aufwallen lassen. Den Topf beiseite ziehen und Kräuter einrühren. Die Meeresfrüchte im Sud etwa 1 Stunde ruhen lassen. Radicchio und Kopfsalat entblättern, waschen und trockenschwenken. Auf 4 großen Tellern verteilen. Cheddarkäse in sehr feine Streifen schneiden. Vom Sud der Meeresfrüchte etwas weggießen – je nach Belieben. Meeresfrüchte mit Olivenöl, Essig, Salz und Pfeffer abschmecken. Löffelweise auf den »Salatbetten« verteilen. Obenauf die Käsestreifen geben.

Tip: Die Kombination mit Käse ist typisch amerikanisch. Cheddarcheese kann nach Belieben durch andere Käsesorten ersetzt werden.

Krebssalat

Zutaten:

250 g Krebsfleisch (oder Krebsfleischersatz), Saft von 1/2 Zitrone, Worcestersauce, 1 Salatgurke, 100 g Prinzeßböhnchen, 1 Radicchio, 2 Kopfsalatherzen, 2 Knoblauchzehen, 6–7 EL Olivenöl, 5 EL Schalotten- oder Weißweinessig, Salz, schwarzer Pfeffer und roter Pfeffer aus der Mühle, 100 g geschälte Garnelen

Zubereitung:

Krebsfleisch oder Krebsfleischersatz mit einer Gabel leicht zerpflücken oder die gepreßten Krebsfleischstangen quer in Scheibchen schneiden. Mit Zitronensaft und Worcestersauce beträufeln. Salatgurke schälen, der Länge nach halbieren und die Kerne mit einem Löffel herauskratzen. Die Gurkenhälften quer in dünne Stücke schneiden. Prinzeßböhnchen putzen, waschen und abtropfen lassen. Radicchio und die Kopfsalatherzen entblättern, gründlich wachen und abtropfen lassen. Knoblauchzehen schälen und durch eine Presse in das Olivenöl drücken. Zusammen mit dem Essig, Salz und den beiden Pfeffersorten verschlagen.

In einer großen Schüssel die vorbereiteten Salatzutaten locker miteinander vermengen. Auf Teller verteilen und mit den Garnelen garnieren.

Tip: Toastecken anrösten,mit Knoblauch einreiben und den Salat damit garnieren.

Langustensalat

(für 2 Personen)

Zutaten:

1 gekochte Languste in zwei Hälften geteilt (aus dem Fischfachgeschäft), 1 Kopfsalatherz, 150 g Champignons, 3 Scheiben Ananas mit Saft (Dose), 3 Stengel Dill, 100 g Mayonnaise, 50 g Sahne, Salz, Pfeffer, etwas Orangen- oder Zitronensaft, Worcestersauce

Zubereitung:

Langustenfleisch aus den Schalen lösen und in kleine Stücke schneiden. Kopfsalatherz entblättern, gründlich waschen und abtropfen lassen. 2/3 der Salatblätter in dünne Streifen schneiden und mit dem restlichen die Langustenschalen auskleiden oder garnieren. Champignons putzen und feinblättrig schneiden. Ananasscheiben in kleine Stückchen schneiden. Dill waschen, trockenschwenken, von den Stengeln zupfen und fein hacken. Aus Mayonnaise, Sahne, Dill, Salz, Pfeffer, Zitronensaft und Worcestersauce eine pikante Marinade rühren. Kopfsalatstreifen, Langustenfleisch, Champignons und Ananas mit etwas Saft mit der Marinade locker vermengen. Vorsichtig in die Langustenschalen füllen. Nach Belieben mit Limonenscheiben garnieren.

Tip: Anstelle von Langustenfleisch, Hummer, Riesengarnelen oder Krabben verwenden.

Schnecken mit geröstetem Knoblauchbrot

Zutaten:

36 Schnecken (Dose), 1/8 l trockener Weißwein, je 1 Thymian- und Basilikumzweig, 1 Lorbeerblatt, 2 cl Weinbrand, 8 Weißbrotscheiben, 5 EL Olivenöl, 6 Knoblauchzehen, 200 g grüne Bohnen, 150 g Steinpilze, Salz, weißer Pfeffer, 1/2 Bd. Schnittlauch; für die Sauce Vinaigrette: 5 EL Olivenöl, 1 EL Zitronensaft, 1 EL Estragonessig, 1 TL Senf mit grünem Pfeffer, 2 EL Schnekkensud, Salz, Pfeffer

Zubereitung:

Schnecken abtropfen lassen, mit Weißwein und den Kräutern aufkochen. Nach 10 Minuten Schneckensud in einen anderen Topf gießen und bis zur Hälfte einkochen lassen. Weinbrand und die gekochten Schnecken zufügen. Schnecken darin etwa 6 Stunden marinieren. In der Zwischenzeit aus den angegebenen Zutaten die Vinaigrette zubereiten. Bohnen putzen und knackig kochen. Steinpilze gründlich reinigen und in Scheiben schneiden. Schnittlauch grob hacken. Wenn die Marinierzeit vorüber ist, Olivenöl erhitzen und die ungeschälten Knoblauchzehen sowie die Steinpilzscheiben hellbraun anbraten. Knoblauchzehen entfernen und Steinpilze in einem Sieb abtropfen lassen; salzen und pfeffern. Bohnen auf 4 Tellern verteilen. Darauf die Steinpilze geben und in die Mitte die Schnecken setzen. Die Sauce Vinaigrette darauf gießen. Mit Pfeffer und gehacktem Schnittlauch bestreuen und mit frisch geröstetem Öl-Knoblauch-Brot servieren.

Lachs-Tatar

Zutaten:

300 g Lachsrückenfilet, 1 rote Zwiebel, 3 Cornichons, 2 TL Kapern, 1 EL Sojaöl, Saft von 1 Zitrone, Salz, frisch gemahlener grüner Pfeffer, 1 Limone

Zubereitung:

Lachsfilet waschen, abtupfen, auf Gräten untersuchen und in kleine Würfelchen schneiden. Zwiebel schälen und fein schneiden. Cornichons

ebenfalls fein hacken und mit dem Lachs und der Zwiebel vermischen. Kapern, Öl und Zitronensaft gut verrühren und mit dem Tatar vermengen. Mit Salz und Pfeffer würzen. Limone in Achtel schneiden, Tatar auf Vorspeisenteller verteilen und die Limonenachtel dazugeben.
Am besten mit getoastetem Weißbrot und einem kräftigen Weißwein servieren.

Obstsalate pikant und süß

Obst-Käse-Salat

Zutaten:

100 g Weintrauben, je 1 Orange, Birne und Banane, 4 Scheiben Ananas (Dose), Saft von 1 Zitrone, 250 g Goudakäse, 30 g Walnußkerne; für die Marinade: 100 g Mayonnaise, 2 EL Ananassaft, 1/2 TL scharfer Senf, Salz, weißer Pfeffer, 1 EL Weinbrand, 1/8 l Sahne

Zubereitung:

Weintrauben waschen, abtropfen lassen. Beeren von den Stielen zupfen, halbieren und entkernen. Orange, Birne und Banane schälen (von der Orange auch die weiße Haut abziehen). Orange in Stücke teilen, Stücke dritteln. Birne vierteln, Kerngehäuse herausschneiden. Fruchtfleisch in dünne Scheiben schneiden. Banane ebenfalls in Scheiben schneiden. Abgetropfte Ananas in Stücke teilen. Alle Früchte mischen und mit Zitronensaft beträufeln. Käse in etwa 1 cm große Würfel schneiden. Walnußkerne hacken. Beides zu den Früchten geben. Mayonnaise mit Ananassaft, Senf, Salz, Pfeffer und Weinbrand verrühren. Sahne steif schlagen und unterziehen. Marinade über den Salat gießen, vorsichtig mischen. 60 Minuten im Kühlschrank durchziehen lassen.

Grapefruitsalat

Zutaten:

200 g Schinken, 2 Äpfel, 2 Grapefruits, 4 Scheiben Ananas (Dose), 100 g Champignonköpfe (Dose), 3 Tomaten, 8 gefüllte grüne Oliven

(Glas); für die Marinade: 3 EL Öl, 2 EL Zitronensaft, Salz, Pfeffer, 1 Prise Zucker; zum Garnieren: 2 EL gehackte Haselnüsse

Zubereitung:

Schinkenfett entfernen. Dann Schinken in Streifen schneiden. Die geschälten, vom Kerngehäuse befreiten Äpfel in feine Scheiben schneiden. Grapefruits halbieren. Fruchtfleisch herauslösen. In Schnitzel teilen und diese halbieren. Ananas auf einem Sieb abtropfen lassen. In daumengroße Stücke schneiden. Champignonköpfe auch abtropfen lassen. Tomaten brühen, abziehen, vierteln. Alle Zutaten zusammen mit den Oliven mischen. Für die Marinade Öl, Zitronensaft, Salz, Pfeffer und Zucker in einer Schüssel verrühren. Alles mischen, ziehen lassen. Mit gehackten Haselnüssen bestreut servieren.

Salat Melanie

Zutaten:

1 Dose Mandarinen, 1 kleines Glas Selleriescheiben, 3 Äpfel, 125 g blaue Weintrauben, 50 g Walnußkerne; für die Marinade: 50 g Mayonnaise, 1/2 Becher Joghurt, Saft von 1/2 Zitrone, 1 EL Chilisauce, 1 Prise Zucker, Salz; zum Garnieren: 1/2 Kopfsalat, Saft von 1/2 Zitrone, 20 g Walnußkerne

Zubereitung:

Mandarinen und Selleriescheiben auf einem Sieb gut abtropfen lassen. Selleriescheiben in Würfel schneiden. Beides in eine Schüssel geben. Äpfel schälen, in dünne Scheiben schneiden. Weintrauben waschen, abtropfen lassen. Beeren halbieren und entkernen. Walnußkerne grob hacken. Alles zu den Mandarinen- und Selleriewürfeln geben und mischen. Für die Marinade Mayonnaise mit Joghurt, Zitronensaft und Chilisauce verrühren. Mit Zucker und Salz abschmecken. Über den Salat gießen, vorsichtig mischen und 15 Minuten zugedeckt kalt stellen. Kopfsalat verlesen, waschen, abtropfen lassen. Mit Zitronensaft beträufeln. 4 Gläser oder Glasschälchen damit auslegen. Salat darauf anrichten. Mit Walnüssen garniert servieren.

Fruchtsalat amerikanisch

Zutaten:

1 kleiner Kopfsalat, 1/2 Zuckermelone, 2 Orangen, 150 g blaue Weintrauben, 12 Walnußkerne; für die Marinade: 100 g Mayonnaise, Salz, weißer Pfeffer, 1 Prise Zucker, 1 EL Zitronensaft, 1 EL Orangensaft, 1 EL Tomatenketchup, 2 EL Sahne

Zubereitung:

Kopfsalat putzen, Blätter waschen und gut abtropfen lassen, trockentupfen. Dann eine Salatschüssel mit den Blättern auslegen. Zuckermelone schälen. Mit dem Rundausstecher kleine Bällchen daraus formen. Orangen filetieren. Weintrauben waschen, halbieren, entkernen. Walnußkerne halbieren. Alle Zutaten abwechselnd in die Schüssel schichten. Mayonnaise mit Salz, Pfeffer, Zucker, Zitronen-Orangensaft, Ketchup und Sahne verrühren. Würzig abschmecken. Über den Salat verteilen. Bei Tisch mischen.

Bananensalat Costa Rica

Zutaten:

4 Tomaten, 3 Bananen, Saft von 1 Orange, 2 EL Olivenöl, Salz, schwarzer Pfeffer, Curry; zum Garnieren: 1/4 Bd. Schnittlauch, etwas Kresse

Zubereitung:

Tomaten in kochendem Wasser brühen, abschrecken, abziehen und in Scheiben schneiden. Bananen schälen, auch in Scheiben schneiden. Mit etwas Zitronensaft beträufeln. Tomaten- und Bananenscheiben schuppenförmig in einer flachen Schale anrichten. Aus Zitronensaft, Olivenöl, Salz, Pfeffer und Curry eine würzige Marinade rühren, darübergießen. Salat mit Schnittlauch bestreuen und mit Kresse garnieren.

Apfelsalat pikant

Zutaten:

1 Sellerieknolle, Saft von 1 Zitrone, 3 Äpfel, Zucker, 3 Möhren; für die Marinade: 1 Becher Joghurt, 1/8 l Sahne, Salz, Pfeffer, 1 Prise Ingwer

Zubereitung:

Sellerie putzen, 20 Minuten kochen. Abkühlen lassen, in Stifte schneiden, mit Zitronensaft beträufeln. Äpfel waschen, ungeschält vierteln, entkernen, in Stückchen schneiden, leicht zuckern. Mit dem Sellerie mischen. Möhren putzen, fein raspeln, auch untermischen. Joghurt und Sahne schlagen, mit den Gewürzen abschmecken. Über den Salat geben.

Ananassalat auf Äpfeln

Zutaten:

3 Scheiben Ananas, 2 Tomaten, 1 Staudensellerie, 3 mürbe Äpfel, Saft von 1 Zitrone, 1 kleiner Kopfsalat; für die Marinade: 2 EL Mayonnaise, Dosenmilch, Salz, Pfeffer, 1 Prise Zucker, 1/2 TL Curry; zum Garnieren: Kirschen, Oliven

Zubereitung:

Ananas würfeln. Tomaten häuten, auch würfeln. Staudensellerie putzen und in Ringe schneiden. Zwei Äpfel schälen und würfeln. Einen Apfel waschen, trocknen, Kerngehäuse ausstechen. In 4 dicke Scheiben schneiden. Mit Zitronensaft beträufeln. Auf 4 Teller verteilen. Salat putzen, waschen, trocknen. Auch auf die Teller verteilen. Mayonnaise mit Dosenmilch glattrühren. Mit Salz, Pfeffer, Zucker und Curry würzen. Mit den kleingeschnittenen Ananas, Tomaten, Sellerie und Äpfeln mischen. Mit einer Kirsche und einer Olivenscheibe garnieren.

California-Salat

Zutaten:

2 Äpfel, 200 g helle Trauben, 200 g blaue Trauben, 1 kleine Dose Ananasscheiben, 1 kleine Dose Mandarinen, 1 Kopfsalat, 250 g dünne Scheiben gekochter Schinken; für die Marinade: 1 Eigelb, 2 TL Senf, 1 TL Estragongessig, Salz, Pfeffer, 1 Prise Zucker, 1 Becher saure Sahne

Zubereitung:

Apfel waschen, halbieren, entkernen, in Schnitzel schneiden. Gewaschene und abgetropfte Trauben halbieren, entkernen. Ananas abtropfen lassen. Jede Scheibe in 8 Stücke schneiden. Mandarinen auch abtropfen lassen. Salat putzen, waschen und gut abtropfen lassen. Diese Zutaten lagenweise mit Schinkenröllchen in eine Schüssel schichten. Für die Marinade Eigelb mit Senf und Estragonessig verquirlen. Salzen, pfeffern und mit Zucker abschmecken. Saure Sahne unterrühren. Marinade über den Salat gießen, leicht unterheben.

Tip: Nur ganz frisches Eigelb verwenden und den Salat mit der Eigelbmarinade bald aufessen.

Fruchtsalat Garda

Zutaten:

250 g blaue Weintrauben, 3 säuerliche Äpfel, 5 eingelegte grüne Mandeln, 1/2 Päckchen Vanillinzucker, 3 EL Zucker, Saft von 1 Zitrone, 2 Glas (je 2 cl) Weinbrand

Zubereitung:

Weintrauben waschen. Beeren von den Stielen zupfen, auf einem Sieb abtropfen lassen, halbieren und entkernen. Äpfel schälen, vierteln, entkernen, in feine Scheiben schneiden. Auch die eingelegten grünen Mandeln. Früchte miteinander in einer Schüssel mischen. Vanillinzucker und Zucker mischen, über den Salat streuen. Mit Zitronensaft und Weinbrand begießen, mischen und 60 Minuten ziehen lassen.

Avocado-Fruchtsalat

Zutaten:

2 Avocados, 3 Orangen, 2 EL Zucker, 1 Päckchen Vanillinzucker, 1 Prise Ingwer, 1 Likörglas Contreau, 125 g Erdbeeren, Zucker, 2 Bananen

Zubereitung:

Avocados waschen, halbieren, entkernen. Fruchtfleisch herauslösen, 1/2 cm Rand stehen lassen. Orangen schälen, filetieren. Filets halbieren. Zucker, Vanillinzucker und Ingwer darüberstreuen. Cointreau darübergießen. Zugedeckt durchziehen lassen. Erdbeeren waschen, halbieren, zuckern. Zugedeckt stehen lassen. Bananen schälen, in Scheiben schneiden, mit dem Fruchtfleisch der Avocados, den Orangen und Erdbeeren mischen. In die Avocadohälften verteilen.

Apfel-Erdbeer-Salat

Zutaten:

3 große Äpfel, Saft von 1 Zitrone, 200 g Zucker, 1 Päckchen Vanillinzucker, 500 g Erdbeeren, 2 Gläser Calvados (je 2 cl), 1/2 l Sahne, Zucker

Zubereitung:

Äpfel waschen, schälen, in Stifte schneiden, mit Zitronensaft begießen. Zucker und Vanillinzucker untermischen. Erdbeeren waschen, vorsichtig putzen, halbieren (kleine ganz lassen). Mit Calvados parfümieren. Mit den Äpfeln mitschen, ziehen lassen. In 4 Glasschalen füllen. Sahne mit Zucker und Vanillinzucker steif schlagen. Beides getrennt servieren.

Apfelsalat süß

Zutaten:

2 Bananen, 2 ungeschälte Äpfel, Saft von 1 Zitrone, 2 Apfelsinen, 50 g grob gehackte Walnüsse, 2 EL Maraschinokirschen, Zucker nach Geschmack, 1 Glas Calvados (2 cl)

Zubereitung:

Bananen schälen, in Scheiben schneiden. Äpfel waschen, vierteln, Kerngehäuse herausschneiden. Auch in Scheiben schneiden. Bananen und Äpfel mischen und mit Zitronensaft marinieren. Apfelsinen schälen, würfeln und dazugeben. Nüsse und kleingeschnittene Maraschinokirschen daruntermischen. Nach Geschmack zuckern.
10 Minuten ziehen lassen und servieren.

Feigen-Obst-Salat

(für 6 Personen)

Zutaten:

1 Paket tiefgekühlte Erdbeeren, 8 frische Feigen, 1 Orange, 1 Apfel, 250 g blaue Trauben, Saft von 1 Zitrone, 4 EL Zucker, 1 Glas (4 cl) Kirschwasser, 50 g Walnußkerne, 1/8 l Sahne,
1/2 Päckchen Vanillinzucker

Zubereitung:

Erdbeeren nach Vorschrift auftauen. Feigen waschen, abziehen und vierteln. Orange schälen, in Schnitzel teilen. Apfel schälen, in Schnitzel schneiden. Trauben waschen und abtropfen lassen. Obst in einer Schüssel vorsichtig miteinander mischen. Ein paar Erdbeeren und Trauben zum Garnieren zurücklassen. Zitronensaft, Zucker und Kirschwasser auf das Obst geben, Walnußkerne hacken (ein paar zum Garnieren zurücklassen), zum Obst geben und 10 Minuten ziehen lassen. In Gläser verteilen. Sahne mit Vanillinzucker steif schlagen, in den Spritzbeutel füllen und die Portionen damit und mit Erdbeeren, Trauben und Walnußkernen garnieren. Bis zum Servieren kalt stellen.

Obstsalat mit Rum-Eier-Sauce

Zutaten:

200 g kernlose Weintrauben, 1 Banane, 300 g säuerliche Äpfel, 100 g Walnußkerne; für die Sauce: 3 Eigelb, 1 Eiweiß, 80 g Zucker, 3 EL Rum

Zubereitung:

Fruchtfleisch grob würfeln. Walnußkerne hacken. Obst und Nüsse in eine Schüssel geben, mischen und zugedeckt in den Kühlschrank stellen. Für die Rum-Eier-Sauce Eigelb und Eiweiß mit dem Schneebesen schaumig schlagen. Nach und nach unter ständigem Schlagen den Zucker zugeben. Kräftig weiterschlagen, bis die Sauce dickflüssig wird. Zuletzt den Rum darunterziehen. Obstsalat und Rum-Eier-Sauce getrennt servieren.

Obstsalat türkisch

Zutaten:

4 mürbe Äpfel, 3 Clementinen oder kernlose Mandarinen, 6 Feigen, 6 Datteln, 30 g Sultani-

nen, 30 g Korinthen, 30 g geschälte Pistazien, 40 g Zucker, Saft von 1 Zitrone, Saft von 2 Orangen, 1 EL Honig, 1 Glas (4 cl) Kirschlikör; zum Garnieren: 1/8 l Sahne

Zubereitung:

Äpfel schälen, würfeln. Geschälte, von den weißen Fäden befreite und in Stücke geteilte Clementinen, Feigen und entkernte Datteln in Scheiben schneiden. Die Obststücke in eine Schüssel geben. Sultaninen, Korinthen und grob gehackte Pistazien zufügen. Zucker darüberstreuen und die Zutaten miteinander vermischen. Zitronen- und Orangensaft mit dem Honig in einem Schälchen mischen und über den Obstsalat gießen. Mit dem Kirschlikör abschmecken. 30 Minuten zugedeckt im Kühlschrank durchziehen lassen. Sahne in einer Schüssel steif schlagen. In einen Spritzbeutel füllen. Salat mit Sahnetupfern garnieren.

Salat Eva

Zutaten:

4 große Äpfel, 1 Banane, 100 g gehackte Haselnüsse, 1/8 l saure Sahne, Saft von 1 Zitrone, abgeriebene Schale von 1/2 Zitrone, 1 Glas (4 cl) Maraschino, 1 EL Zucker

Zubereitung:

Äpfel waschen, trocknen. Von den Früchten oben einen Deckel abschneiden. Mit einem Messer die Früchte bis auf einen 1 cm starken Rand und Boden aushöhlen. Herausgelöstes Fruchtfleisch vom Kerngehäuse befreien und fein würfeln. Banane schälen, würfeln. Alles in eine Schüssel geben. Haselnüsse, Sahne, Zitronensaft, abgeriebene Zitronenschale, Maraschino und Zucker locker daruntermischen. Den Salat 15 Minuten zugedeckt im Kühlschrank durchziehen lassen. In die ausgehöhlten Äpfel füllen. Die abgeschnittenen Deckel daraufsetzen und servieren.

Heißer Obstsalat

Zutaten:

2 Orangen, 2 Äpfel, 1 1/2 EL Butter, 50 g Honig, Saft von 1 Zitrone, 1 Paket Himbeeren (tiefgekühlt), 240 g Ananasstücke, 10 Walnußkerne

Zubereitung:

Orangen schälen, von der weißen Haut gänzlich befreien und in Achtel teilen. Kerne entfernen. Äpfel schälen, würfeln. Butter zerlassen, Honig und Zitronensaft hineinrühren und erhitzen. Apfelwürfel darin 5 Minuten dünsten. Orangenstücke, die unaufgetauten Himbeeren und die abgetropften Ananasstücke zugeben, mischen, kurz erhitzen. Walnußkerne grob hacken. Obstsalat in einer Schüssel anrichten und mit Walnußstücken bestreuen.

Salat Jamaika

Zutaten:

2 Bananen, Saft von 1 Zitrone, 2 Orangen, 1 Grapefruit, 200 g entsteinte Sauerkirschen (Glas), 30 g gehackte Haselnüsse; für die Marinade: 100 g Mayonnaise, Saft von 1/2 Zitrone, 2 EL

Sahne, 1 EL Weinbrand, 1 Prise Salz, Zucker; zum Garnieren: 30 g Haselnußkerne

Zubereitung:

Bananen waschen, mit Haushaltspapier abtrocken, mit einem scharfen Messer längs halbieren. Mit einem Löffel das Fruchtfleisch auslösen. Innenflächen der Bananenschalen und das Fruchtfleisch mit Zitronensaft beträufeln. Fruchtfleisch in Würfel schneiden. In eine Schüssel geben und ein paar Minuten ziehen lassen. Orangen und Grapefruit waschen, abtrocknen und sorgfältig schälen, in Würfel schneiden. Kirschen auf einem Sieb abtropfen lassen. Alle Zutaten zum Bananenfruchtfleisch geben und mischen. Gehackte Haselnüsse darüberstreuen. Für die Marinade Mayonnaise und Zitronenaft, Sahne, Weinbrand, Salz und Zucker verrühren. Über den Salat gießen, mischen und abschmecken. In die Bananenhälften füllen. Den restlichen Salat in einer Schüssel anrichten. Haselnüsse ohne Fett in eine Pfanne geben. Unter Rühren bei schwacher Hitze 10 Minuten rösten. Auf ein sauberes Küchenhandtuch geben und so lange reiben, bis sich die Schale löst. Die Nüsse dann grob hacken. Über den Salat streuen und sofort servieren.

Fruchtsalat mit Grapefruit

Zutaten:

2 Grapefruits, 1 Blutorange, 1 Banane, 100 g blaue Weintrauben, 100 g geschälte Melone, 3 EL entsteinte Kaiserkirschen (Glas), 2 EL Zucker, 1 1/2 Gläser (3 cl) Cointreau oder Curaçao, 3 EL gehackte Mandeln oder Kokosflocken

Zubereitung:

Grapefruits schälen und in Schnitzel teilen. Entkernen, Fruchtfleisch würfeln. Geschälte, in Schnitzel geteilte und entkernte Blutorange auch würfeln. Banane schälen, in Scheiben schneiden. Gewaschene, abgezupfte Weintrauben halbieren, ebenfalls entkernen. Melonenstück würfeln. Kaiserkirschen abtropfen lassen. Alles in eine Schüssel geben. Zucker und Cointreau (oder Curacao) dazugeben. Locker mischen. Zugedeckt 10 Minuten im Kühlschrank durchziehen lassen. In Gläser füllen. Gehackte Mandeln darüberstreuen. Kalt servieren.

Salat mit Orangen und Oliven

Zutaten:

150 g schwarze Oliven, 5 Orangen, 2 Zwiebeln, Saft von 1 Zitrone, Salz, Pfeffer, 1–2 EL Olivenöl

Zubereitung:

Oliven halbieren und entkernen. Orangen schälen und die weiße Innenhaut sorgfältigst entfernen. Mit einem spitzen Messer Filets herausschneiden. Aus dem Orangenrest etwas Saft über die Filets drücken. Zwiebeln schälen und in Streifen schneiden. Alle Zutaten miteinander verrühren – gut abschmecken.

Avocadosalat mit Riesengarnelen

Zutaten:

1/2 Bd. Frühlingszwiebeln, 1/2 Bd. Petersilie, 4 gekochte Riesengarnelen, 50 g Mayonnaise,

1 TL Tomatenketchup, Saft von 1 Zitrone, Worcestersauce, 1 Schuß Tabasco, Salz, Pfeffer, 2 große reife oder 4 kleine Avocados

Zubereitung:

Frühlingszwiebeln putzen und kleinschneiden. Petersilie waschen, trockenschwenken, von den Stengeln zupfen und hacken. Riesengarnelen der Länge nach aufschneiden, entdarmen, waschen und trockentupfen. Garnelen nochmals quer halbieren. Aus Mayonnaise, Tomatenketchup, Zitronensaft, Worcestersauce, Tabasco, Salz und Pfeffer eine Marinade rühren. Avocados schälen, längs halbieren und Kerne entfernen. Jede Avocadohälfte fächerförmig einschneiden und auf Teller legen – dabei die angeschnittenen Scheiben auseinanderziehen. Löffelweise mit Sauce überziehen und mit Frühlingszwiebeln sowie mit Petersilie bestreuen.

Tip: Avocados immer erst kurz vor dem Servieren schälen, denn eine Verfärbung der Schnittstellen tritt bei Luftkontakt sehr schnell auf.

Avocados mit Nüssen

Zutaten:

2 Avocados, 1 Banane, 1 Apfel, 150 g Sellerie, 150 g gehackte Haselnüsse, 1 EL Mayonnaise, 2 EL saure Sahne, etwas Sahne, Saft von 1/2 Zitrone, Salz, Pfeffer, 1 Prise Currypulver, 8 Walnußhälften

Zubereitung:

Avocados schälen, der Länge nach halbieren und Kerne entfernen. Eine Marinade aus Mayonnaise, saurer Sahne, Sahne, Zitronensaft und den Gewürzen herstellen. Den Apfel schälen, vierteln, die Kerne entfernen und Stückchen in die Marinade schneiden. Die Banane schälen, längs halbieren und etwa 1 cm dicke Scheiben schneiden. Sofort unter die Sauce mischen. Den Sellerie schälen und in kleine Stifte schneiden. Die Zutaten miteinander mischen und würzen. In die Avocadohälften füllen, mit je 2 Walnußhälften und Curry garnieren.

Exotischer Salat

Zutaten:

1 Kopfsalat, 2 Bananen, 2 Grapefruits, 2 Orangen, 1/4 kg entkernte Sauerkirschen, 100 g gehackte Haselnußkerne, 50 g Kokosraspeln, 2 EL Mayonnaise, 5 cl Weinbrand, 5 EL Sahne, 1 Schuß Saft (Ananas, Orange), 1 Prise Zucker

Zubereitung:

Vom Kopfsalat nur die schönsten Blätter verwenden. Diese auf 4 Tellern dekorativ anrichten. Die Bananen schälen und in dünne Scheiben schneiden. Grapefruit und Orangen schälen und in gleichmäßige Würfel schneiden. Alle Früchte und Nüsse miteinander vermengen. Aus Mayonnaise, Weinbrand, Sahne, Fruchtsaft und Zucker eine Sauce bereiten. Über den Salat gießen und vermischen. Auf den Salatblättern verteilen. Eventuell mit zusätzlichen Früchten garnieren und mit Kokosraspeln bestreuen.

Artischockensalat mit Parmesan

Zutaten:

8 Artischocken, 125 ml Zitronensaft, 2 Stengel Petersilie, 1 EL Weißweinessig, 4 EL Olivenöl, 1 Msp. Salz, Pfeffer, frische Salatblätter, 80 g Parmesan

Zubereitung:

Artischocken garen, die Artischockenböden freilegen, in dünne Scheiben schneiden und durch den Zitronensaft ziehen. Die Petersilie im Mörser zerreiben. Aus Essig, Öl, Salz, Pfeffer und der Petersilie ein Dressing bereiten. Die Artischocken auf die Salatblätter legen, gleichmäßig mit der Salatsauce beträufeln und Parmesan darüber hobeln.

Bunter Melonensalat

Zutaten:

1/2 Zuckermelone, 1/4 Wassermelone, je 1 grüne und 1 gelbe Paprikaschote, 150 g Vollmilchjoghurt, 1 Schuß Olivenöl, 1 TL Sherryessig, Salz, Pfeffer, Saft von 1 Limette, frisch gehackte Kräuter (Dill, Petersilie, Kerbel, Schnittlauch)

Zubereitung:

Die beiden Melonensorten schälen und die Kerne herauslösen. Das Fruchtfleisch in kleine Stückchen schneiden. Die Paprikaschoten waschen, längs halbieren, entkernen und in mundgrechte Stücke schneiden. Den Vollmilchjoghurt mit Olivenöl und Sherryessig verschlagen. Mit Salz, Pfeffer, Limettensaft und frisch gehackten

Kräutern pikant würzen. Alle Zutaten miteinander vermischen und nach Geschmack nochmals nachwürzen. Dazu passen Schinkenkartoffeln und diverse Brotsorten.

Wassermelone mit Gurke

Zutaten:

1/4 Wassermelone, 1 Salatgurke, 150 g saure Sahne, Salz, Pfeffer, Saft von 1/2 Limette, viele frisch gehackte Kräuter

Zubereitung:

Die Wassermelone von der Schale und den Kernen befreien. Das Fruchtfleisch in mundgerechte Stückchen schneiden. Die Salatgurke schälen, der Länge nach halbieren und mit Hilfe eines Löffels die Kerne herauskratzen. Die Gurkenhälften in dünne Scheiben schneiden. Aus saurer Sahne, Limettensaft, Salz, Pfeffer und gehackten Kräutern eine pikante Marinade bereiten. Alle Zutaten miteinander vermengen und den fertigen Salat kurz in den Kühlschrank stellen.

Tip: Mit Knoblauchbaguette, einen gutgekühlten, trockenen Weißwein und einer Käseplatte servieren.

Datteln und Rotkohl

Zutaten:

150 g frische Datteln, 1/4 Rotkohlkopf, Salz, Pfeffer, 2 EL gehackte Blattpetersilie, Walnußöl und Sherryessig nach Geschmack, 1 Prise Zucker

Zubereitung:

Die Datteln entkernen und in dünne Streifen schneiden. Den Rotkohl vom Strunk befreien, waschen und fein hobeln. In eine große Schüssel legen, Salz und Zucker darüberstreuen und mit den Händen durchkneten. Mit Walnußöl, Sherryessig, Salz und Pfeffer pikant abschmecken. Erst zuletzt die Dattelstreifen und die gehackte Blattpetersilie unterheben.

Mangosalat

Zutaten:

1 große Mango, 2 Papayas, 100 g Johannisbeeren, 100 g Brombeeren, 1 Banane, Saft von 1 Limette, Zucker nach Geschmack, 200 g Schlagsahne, frische Minzeblätter

Zubereitung:

Die Mango schälen und das Fruchtfleisch vom Kern schneiden. Das festere Fruchtfleisch in Spalten schneiden und die Reste im Küchenmixer pürieren. Die Papayas waschen, gründlich abreiben, halbieren und entkernen. Das Fruchtfleisch mit einem scharfen Messer oder einem Grapefruitmesser so losschneiden, daß man es mühelos »auslöffeln« kann. Die Beeren verlesen, waschen und trockenschütteln. Die Banane schälen, in Scheiben schneiden und mit dem übrigen Obst locker vermengen. Nach Bedarf zuckern, das Mangopüree und den Limettensaft einrühren. Die Fruchtmischung in die Papayahälften so füllen, daß es überschwappt. Mit Schlagsahne und frischen Minzeblättern garnieren.

Ananas mit Sauerkraut

Zutaten:

2 mittelgroße Ananas, 1 Apfel, Saft von 1/2 Limette, 400 g Kasseler ohne Knochen, 200 g rohes Sauerkraut; für die Marinade: 50 g Mayonnaise, 50 g süße Sahne, Saft von 1/2 Zitrone, Salz, Pfeffer, 1 Prise Zucker, frische Kräuter

Zubereitung:

Die beiden Ananas mit der Krone längs halbieren. Strunk und Fruchtfleisch herauslösen, dabei die Schale und die Krone intakt lassen. Das Fruchtfleisch klein würfeln. Den Apfel schälen, vom Kerngehäuse befreien und sehr fein raspeln; mit Limettensaft sofort marinieren, sonst wird das Fruchtfleisch dunkel. Sauerkraut abtropfen lassen. Das Kasselerfleisch in dünne Streifen schneiden. Alle Zutaten miteinander vermengen. Mayonnaise, Sahne, Zitronensaft, Salz, Pfeffer, Zucker sowie frisch gehackte Kräuter zu einer feinen Marinade verrühren. Mit den Salatzutaten vermischen und in die ausgehöhlten Ananashälften füllen. Zugedeckt im Kühlschrank etwa 30 Minuten ziehen lassen.

Bunter Salat mit Bananen

Zutaten:

150 g gekochter Reis, 150 g Erbsen (tiefgekühlt), 3 Bananen, Saft von 1/2 Limette, Currypulver, 2 EL Butter, 100 g Parmaschinken; für die Sauce: 3 EL Mayonnaise, 3 EL Quark, Salz, 1 Prise Zukker, Pfeffer, Saft von 1/2 Limette und 1/2 Orange, Worcestersauce, 2 EL Walnußkerne

Zubereitung:

Gekochten Reis und die Erbsen locker miteinander vermengen und beiseite legen. Bananen schälen und in dünne Scheibchen schneiden. Mit Limettensaft beträufeln, von beiden Seiten mit Currypulver bestäuben und in heiß schäumender Butter 1–2 Minuten durchschwenken. Den Pfanneninhalt unter die vorbereitete Mischung heben. Parmaschinken in dünne Streifen schneiden und ebenfalls beimengen. Aus Quark, Mayonnaise und den Würzzutaten eine pikante Marinade herstellen. Über den Salat gießen, die gehackten Nüsse darüberstreuen.

Orangensalat mit Sharonfrucht

Zutaten:

4 große Orangen, 2 Schalotten, 150 g entkernte Oliven, Salz, weißer Pfeffer, 1 Prise Cayennepfeffer, 1/8 l Olivenöl, 2 Sharonfrüchte

Zubereitung:

Orangen schälen und dabei die weiße Haut vollständig entfernen. Quer in dünne Scheiben schneiden und je 1 Orange auf einem Teller kreisfömig anrichten. Schalotten schälen, hacken und auf die Orangenscheiben streuen. Oliven in dünne Streifen schneiden und gleichmäßig darüberstreuen. Aus Salz, Pfeffer, Cayennepfeffer und Olivenöl eine Sauce zubereiten und darüberträufeln. Sharonfrüchte waschen, vierteln und zum Garnieren verwenden.

Tip: Dazu passen würziges Walnuß- oder Haselnußbrot und ein Früchtecocktail.

Feigen mit Minze

Zutaten:

12 frische grüne oder schwarze Feigen, etwa 15 frische Minzeblätter, Saft von 1 Limette, Salz, 1/4 l Sahne, 100 g Parmaschinken am Stück

Zubereitung:

Feigen waschen, schälen und einmal längs und dreimal quer am Stielansatz einschneiden. Nur leicht drücken, um eine Öffnung zu erhalten. Die vorbereiteten Feigen in den Kühlschrank stellen. Minzeblätter von den Stengeln zupfen, waschen und trockenschütteln. Leicht hacken oder im Mörser zerreiben. Mit Limettensaft und Salz verrühren. Zugedeckt im Kühlschrank etwa 20 Minuten ziehen lassen. Mit Sahne gründlich vermischen und gegebenenfalls nochmals abschmecken. Parmaschinken in kleine Würfel schneiden und unter die Minzesauce heben. Feigen auf 4 Teller verteilen und jede Frucht mit Sauce füllen bzw. den Rest darübergießen.

Tip: Mit frischem knusprigen Toast und Prosecco genießen.

Grüner Kochbananensalat

Zutaten:

5 grüne Kochbananen, Salz, 2 geschälte Tomaten, 500 g Möhren, 1 Avocado; für die Sauce: 100 ml Nußöl, 3 EL Sherryessig, 1 Schalotte, 2 Knoblauchzehen, Salz, weißer Pfeffer, 1 Kopfsalatherz

Zubereitung:

Die grünen Bananen der Länge nach mit einem scharfen Messer an den Schalenkanten einritzen. In kochendes Salzwasser legen und etwa 20 Minuten köcheln lassen. Herausnehmen und unter kaltem Wasser abschrecken, schälen und quer in Scheibchen schneiden. Die Tomaten klein würfeln und mit den Bananenscheiben vermengen. Die Möhren schälen und fein raspeln. Die Avocado schälen, halbieren, den Kern entfernen und das Fruchtfleisch in kleine Stückchen schneiden. Alle Zutaten miteinander vermengen. Das Nußöl und den Sherryessig darübergießen. Die Schalotte und die Knoblauchzehen schälen, hacken und unter den Salat mengen, salzen und pfeffern. Das Salatherz vierteln, waschen und über einem Sieb abtropfen lassen. Je 1 Salatviertel auf einen Teller setzen und daneben die Fruchtsalatmischung anrichten.

Tip: Dazu passen frisches Baguette und trockener Weißwein. Die Salatmischung kann ergänzt oder durch andere Gemüsesorten verändert werden.

Bunter Grapefruitsalat

Zutaten:

Je 1 rosa und 1 weiße Grapefruit, 6 Scheiben Ananas (Dose), 4 Tomaten, 100 g gefüllte Oliven, 2 Äpfel, 200 g geräucherter Schinken; für die Sauce: 4 EL Olivenöl, Saft von 1/2 Zitrone, 1 Prise Zucker, Salz, weißer Pfeffer

Zubereitung:

Die Grapefruits schälen, dabei auch das Weiße

entfernen. In kleine Stückchen schneiden und entkernen. Die Ananasscheibenund die Tomaten passend dazu schneiden. Zusammen mit den Oliven in einer Salatschüssel locker vermengen. Die Äpfel schälen, vom Kerngehäuse befreien und in Spalten in die Schüssel schneiden. Den Räucherschinken würfeln und ebenfalls darunter mischen. Aus Olivenöl, Zitronensaft, Zucker, Salz und Pfeffer eine kräftige Marinade herstellen. Über den Salat gießen und anschließend zugedeckt im Kühlschrank marinieren lassen. Kühl servieren.

Tip: Dazu passen frisches Stangenweißbrot und ein leichter Weißwein.

Mandarinensalat mit Zwergorangen

Zutaten:

200 g weiße Weintrauben, 1 kleine Dose Mandarinen, 2 Orangen, 200 g frischer Sellerie, 8 Zwergorangen; für die Sauce: 150 g Naturjoghurt, 2 EL Mayonnaise, Salz, Pfeffer, 1 EL Chilisauce, Saft von den Mandarinen, 1 Prise Zucker

Zubereitung:

Die Weintrauben von den Stengeln zupfen, waschen und in eine Schüssel legen. Die Mandarinen mit wenig Saft hinzufügen. Die Orangen schälen, dabei auch die weiße Haut entfernen, und als Filets in die Schüssel schneiden. Den Sellerie schälen und in streichholzartige Stifte schneiden. Sofort unter das Obst mischen, um eine Verfärbung zu verhindern. Die Zwergorangen schälen, in dünne Scheibchen schneiden und ebenfalls untermengen. Aus Naturjoghurt, Mayonnaise, Salz, Pfeffer, Chilisauce, Mandarinensaft und dem Zucker eine würzige Marinade zubereiten. Alles miteinander vermischen und gut durchgekühlt genießen.

Tip: Nach Belieben gehackte Nüsse beimischen und frische Mandarinen verwenden.

Amerikanischer Melonensalat

Zutaten:

1/2 Honigmelone, 1/2 Cantaloupe-Melone, 2 Orangen, 100 g gehackte Walnußkerne, das Herz von 1 Kopfsalat; für die Sauce: 100 g Mayonnaise, 1 EL Tomatenketchup, Saft von 1/2 Orange, Salz, weißer Pfeffer, 1 Prise Zucker

Zubereitung:

Die beiden Melonen schälen, entkernen und in kleine Stücke schneiden. Die Orangen schälen, von der weißen Haut befreien und in Spalten schneiden. Das vorbereitete Obst mit den Walnußkernen in einer größeren Schüssel vermengen. Das Salatherz zerpflücken, waschen und gründlich abtropfen lassen. Aus Mayonnaise, Tomatenketchup, Orangensaft, Salz, Pfeffer und Zucker eine Marinade herstellen. Alle Zutaten miteinander vermischen und sofort servieren. Dazu passen verschiedene Brotsorten, Käse und Schinken.

Bananen-Sellerie-Salat

Zutaten:

2 Bananen, 1/4 Sellerieknolle, Salz, Pfeffer, Zitronensaft, 1/8 l saure Sahne, 1 EL gehackten Schnittlauch

Zubereitung:

Die Bananen in Scheiben schneiden, den Sellerie fein raffeln und beides sogleich mit Zitronensaft beträufeln. Die saure Sahne mit den Gewürzen und den frischen Kräutern verrühren. Über die Rohkost gießen. Das Ganze im Kühlschrank etwas ziehen lassen und anschließend genießen.

Tip: Bananen sind nahrhaft und reich an Vitamin A und dem Nervenvitamin B_1. Die irrtümliche Meinung, Bananen machen dick, wird durch die sättigende Wirkung und dem Kaloriengehalt von 96 Kcal pro 100 g (402 kJ) widerlegt.